인공 지능 로봇, 어디까지 아니?

## 인공 지능 로봇, 어디까지 아니?

초판 1쇄 2023년 12월 26일

글쓴이 | 이경준
그린이 | 에스더

펴낸이 | 조영진
펴낸곳 | 고래가숨쉬는도서관
출판등록 | 제406-2006-000090호
주소 | 경기도 파주시 회동길 329 (서패동) 2층
전화 | 031-955-9680~1 팩스 | 031-955-9682
블로그 | https://blog.naver.com/goraebook
이메일 | goraebook@naver.com
편집 | 이규수, 김주영

글 ⓒ 이경준 2023 | 그림 ⓒ 에스더 2023

\* 값은 뒤표지에 적혀 있습니다.
\* 잘못 만든 책은 구입하신 서점에서 바꾸어 드립니다.
\* 책의 내용과 그림은 저자나 출판사의 서면 동의 없이 마음대로 쓸 수 없습니다.

ISBN 979-11-92817-30-9 74550
　　　978-89-97165-49-0 74080(세트)

| KC | 품명 : 도서　｜　전화번호 : 031-955-9680　｜　제조년월 : 2023년 12월 |
|---|---|
| | 제조국명 : 대한민국　｜　제조자명 : 고래가숨쉬는도서관 |
| | 주소 : 경기도 파주시 회동길 329 2층　｜　사용 연령 : 9세 이상 |
| | \*KC마크는 이 제품이 공통안전기준에 적합하였음을 의미합니다. |

# 인공 지능 로봇, 어디까지 아니?

글쓴이 **이경준** | 그린이 **에스더**

들어가는 말 ... 6

## 1장 인공 지능 로봇, 어디에서 왔니? ... 8

1. 인지와의 첫 만남 ... 10
2. 너는 어디에서 왔니? ... 22
3. 인지와의 대결 ... 30
4. 네가 잘하는 것, 못하는 것 ... 40

**더 알아보기** 로봇을 스스로 학습하게 할 수 있는가? ... 50

## 2장 너와 함께라면 ... 52

1. 새로운 선생님 ... 54
2. 우리 집이 달라졌다 ... 61
3. 스스로 운전하는 로봇 자동차 ... 68
4. 회사가 달라졌다, 엄마와 아빠의 도전 ... 72

**더 알아보기** 놀이 공원에서 숨겨진 로봇 찾기 ... 83

### 3장 인지야, 도와줘! — 86

1. 한밤의 침입 소동 — 88
2. 할머니를 살린 인지 — 95
3. 인공 지능을 해킹하다 — 101
4. 아픈 인지 — 113

`더 알아보기` 사람 같은 로봇 안드로이드, 사람의 형태와 같은 로봇 휴머노이드 — 124

### 4장 인공 지능 로봇의 미래 — 126

1. 인지의 성장, 소셜 로봇이 되다 — 128
2. 슈퍼 인지의 등장 — 133
3. 우리는 앞으로 인공 지능 로봇과 함께 살 수 있을까? — 141
4. 지수의 결심 — 146

`더 알아보기` 보도와 공원 등을 자유롭게 다니는 로봇들 — 150

 들어가는 말

    뉴스를 보면 로봇이 사람들의 일자리를 위협하거나, 자율적으로 움직이며 사람을 다치게 하기도 합니다. 로봇과 함께 일하다가 크게 다쳤다는 뉴스가 화제가 되기도 했죠. 로봇을 긍정적으로 생각하는 사람들이 많지만 이렇게 로봇의 위험성을 우려하는 목소리도 많습니다.
    이 책을 읽는 어린이 여러분은 로봇에 대해 어떻게 생각하시나요? 저는 이 책을 읽는 여러분이 무한한 가능성을 가지고 저마다의 꿈과 미래를 그려 내는 화가라고 생각합니다. 그래서 로봇을 좋거나 나쁘다고 판단하기보다는, 여러분의 미래에 함께하면서 여러분이 꿈을 이룰 수 있도록 도와주는 존재로 바라보면 어떨까 합니다.
    예를 들어 볼까요? 어떤 친구는 의사가 되고 싶어 하고, 어떤 친구는 환경을 지키고 싶어 하고, 우주 비행사나 축구 선수를 꿈꾸는 친구도 있을 거예요. 또는 빨리 나만의 회사를 만들어서 새로운 제품을 세상에 보여 주고 싶은 친구도 있겠죠. 이 친구들 모두 나중에는 분명 로봇과 함께하게 될 거예요. 수술 로봇은 의사가 안전하게 수술을 하도록 도와주고, 환자가 빨리 일상으로 돌아갈 수 있도록 환자들을 도와주는 간호 보조 로봇도 생길 거예요. 우주 비행사는 이미 로봇을 많이 활용하며 일을 하고 있고, 곧 직접 우주로 가지 않고 지구에서 로봇을 원격 조정하며 일하는 우주인들도 생길 겁니다. 환경을 보호하거나 환경을 연구하기 위해 탐사 로봇을 이용하거나 운동 실력을 향상하기 위해 로봇과 함께 연습하게 될지도 몰라요.

　2014년 6월, 브라질에서 열린 월드컵 개막식은 많은 이들에게 감동을 안겨 주었어요. 월드컵 개막식 시축 행사에는 보통 축구 영웅이나 유명 정치인이 나와서 공을 차는데, 2014년 브라질 월드컵 시축 행사에는 전혀 예상치 못한 사람이 등장했어요. 하반신 마비로 걷지 못하는 소년 줄리아노 핀토가 로봇을 입고 경기장에 걸어 들어왔습니다. 그는 뇌파를 이용해서 로봇에게 명령을 내린 다음 멋지게 공을 차는 모습을 보여 주었어요. 로봇은 줄리아노에게 걸을 수 있다는 꿈, 축구와 같은 운동을 할 수 있다는 꿈을 꿀 수 있도록 해 주었어요.

　이처럼 로봇을 잘 활용한다면 로봇은 여러분이 무엇을 꿈꾸든, 그 꿈에 다가가도록 도와주는 아주 특별한 친구가 되어 줄 것입니다.

　여러분의 친구 로봇과 함께 꿈을 향한 멋진 여행을 떠나 보세요.

# 1장

## 인공 지능 로봇, 어디에서 왔니?

## 1. 인지와의 첫 만남

"십만, 백만, 천만, 1억……, 대박! 1억을 넘기다니. 지수야, 신곡 영상 봤어? 퍼핀 유튜브 조회수가 1억 회를 돌파했다고!"

나는 스마트 텔레비전에서 유튜브 앱을 열었다.

"그러게, 이번 노래도 노래지만 랩이 대박이야! 우선 전화 끊자. 퍼핀이 안무 연습하는 영상 본 다음에 다시 전화할게!"

스마트 텔레비전은 내가 통화하며 했던 말을 듣고 퍼핀의 뮤직비디오 영상과 함께 안무 연습 영상, 외국인들의 반응 영상, 퍼핀이 개인적으로 촬영한 영상들을 모아 재생 목록으로 만들어 주었다. 또, 최근 텔레비전 프로그램 중에서 퍼핀이 나온 프로그램도 추천해 주고 뮤직비디오에서 퍼핀이 입었던 의상이나 최근 퍼핀이 먹었던 음식도 영상 옆에 띄웠다.

'텔레비전은 어떻게 내 마음을 읽는 걸까? 보고 싶은 것들을 어떻게 쪽집게처럼 알아내는 걸까? 퍼핀과 이야기하고 싶은 내 소원도 스마트 텔레비전이 알아차릴 수 있을까? 직접 대화할 수는 없어도 퍼핀이랑 영상 통화라도 할 수 있다면…….'

퍼핀과 내가 대화를 나누는 모습을 상상하자 갑자기 부끄러워지고 얼굴이 화끈거렸다. 텔레비전은 표정 인식 장치로 화끈거리는 나의 얼굴을 인식해 춤추는 퍼핀의 영상을 확대했고, 흐려진 화질을 자동으로 선명하게 잡아 주었다. 나는 다시 볼륨을 높이고 텔레비전 리모콘을 꼭 쥐었다.

 "핏!"

그런데 갑자기 텔레비전이 꺼졌다.

"지수야! 너 성적 또 떨어졌는데 계속 텔레비전만 볼 거야?"

엄마가 텔레비전 전원 코드를 뽑아 버린 것이다.

"엄마!"

엄마가 그동안 나름대로 열심히 공부했던 나의 노력도 생각해 주지 않고 퍼핀도 무시하는 것 같아 눈물이 핑 돌았다.

'엄마는 왜 내 마음을 몰라주는 걸까.'

방에 들어와 책상에 앉았다. 책을 폈지만 집중이 되지 않았다. 책상 위에 붙은 퍼핀 사진을 봤다.

'퍼핀이라면 내 마음을 알아줄 텐데. 아냐! 이미 퍼핀의 음악이, 퍼핀의 가사가 내 마음을 알아주고 있잖아.'

'아 맞다! 퍼핀 럭키백 이벤트에 당첨되었는데 왜 안내 문자가 안 오지? 퍼핀 한정판 앨범을 구매한 사람들에게 추첨을 통해 선물을 준다고 했는데 대체 어떤 선물을 받게 될까? 퍼핀 자필 사인이 담긴 앨범? 콘서트 티켓?'

생각만 해도 설레고 기분도 이내 좋아졌다.

"똑똑똑! 지수야! 엄마 들어가도 되니?"

"왜? 나 공부해!"

엄마의 인기척에 기분 좋았던 상상이 날아가고 퉁명스러운 말투가 나왔다.

"과일 먹으라고."

엄마 말투에서 미안함이 느껴졌지만 모르는 척했다. 화가 아직 덜 풀렸다.

"그리고 너한테 무슨 택배가 왔던데. 이야기해 준다는 걸 엄마가 깜박했네. AI 엔터라는 곳에서 온 건데……."

"정말?"

순식간에 택배 상자를 가로채서 방으로 다시 들어왔다.

'사랑스런 퍼핀. 나한테 뭘 보낸 거야?'

택배 상자를 뜯어 보니 AI 엔터 로고가 그려진 상자가 나왔다. 상자에 붙어 있던 카드에는 '인지의 주인공이 되신 것을 축하드립니다. 인공 지능 로봇 퍼핀, N#1013 인지'라고 적혀 있었다.

상자 속에는 작은 몸체에 검고 동그란 모니터 얼굴이 달린 인형이 들어 있었다.

'이게 뭐지? 자필 사인이 있는 앨범도, 콘서트 티켓도 아니잖아.'

혹시 퍼핀 사인이나 흔적이 있을지도 모르니 인형을 이리저리 둘러보았다. 나는 볼품없는 눈사람처럼 생긴 인형을 보며 아쉬움이 생기기 시작했다.

"에효! 인형 말고는 아무것도 없잖아?"

나는 푸념하면서 인형에 붙어 있는 작은 빨간색 버튼을 무심코 눌렀다. 갑자기 인형 얼굴 화면에 눈이 생겨났다.

"위험해! 그러다가 떨어질 수 있다고. 내려 줘! 부탁이야."

"악, 뭐야!"

너무 깜짝 놀라 인형을 떨어뜨릴 뻔했다. 그런데 이 목소리는 퍼핀의 목소리였다. 황급히 인형을 책상에 내려놓으며 앉으려다가 엉덩방아를 찧었다.

"친구야, 괜찮니? 다치지는 않았어?"

화면에 떠 있는 작고 귀여운 두 눈이 나를 쳐다보며 이야기했다.

"뭐야! 넌 퍼핀 목소리를 흉내 내는 인형이니?"

"아니, 난 퍼핀 목소리를 가진 인공 지능 로봇, 인지라고 해. 반가워, 넌 이름이 뭐니?"

내가 지금 퍼핀 목소리와 대화하고 있다는 사실이 믿기지 않았다. 혹시 퍼핀이 뒤에서 영상 통화를 하는 건 아닌지 로봇 인형을 의심스런 눈초리로 살펴보았다.

"나를 의심하고 있구나! 하지만 속임수는 없어. 앞으로 놀라는 일이 더 많을 거야. 그리고 너는 내 물음에 대답하지 않았어. 흥."

"어…… 난 지수야. 무슨 이야기부터 해야 하지? 너는 퍼핀을 알고 있니? 그리고, 어떻게 퍼핀 목소리를 흉내 낼 수 있지?"

"지수야, 좀 더 쉽게 설명해 줄게! 나는 퍼핀이 녹음한 수많은 목소리와 노래를 듣고, 퍼핀이 어떻게 말하고 노래하는지를 배웠어. 퍼핀 목소리의 높고 낮음과 속도를 공부하고 퍼핀처럼 말할 수 있도록 연습을 했기 때문에 똑같이 말할 수 있는 거야."

난 흥미로웠지만, 세상에 하나뿐인 퍼핀의 목소리를 로봇이 흉내 낼 수 있다는 사실에 마음이 불편해졌다.

"우리 퍼핀이 녹음한 목소리를 편집해서 들어 준다는 거지?"

"내가 만든 목소리는 퍼핀이 직접 말하거나 녹음한 목소리를 들려주는 것처럼 들리지만 사실은 퍼핀의 목소리에 관한 모든 정보를 이용해서 새롭게 만든 목소리야. 이런 기술을 전문적인 단어로 이야기하면 딥러닝(Deep Learning. 사람의 뇌 신경망을 모방해서 인공 지능이 데이터를 처리하도록 하는 기술)이라고도 해! 그리고 난, 퍼핀의 목소리뿐만 아니라 얼굴도 만들어 낼 수 있어."

로봇 인지는 인공 지능 기반으로 사람의 이미지를 합성하는 딥페이크(Deepfake) 기술로 인지의 음성에 따라 자연스럽게 말을 하는 퍼핀의 얼굴을 만들어 보여 주었다. 인지의 얼굴이 퍼핀으로 바뀌자 인지가 로봇 옷을 입고 있는 퍼핀처럼 보였다.

"와!!"

"이런 기술을 딥페이크 기술이라고 해. 퍼핀에 대한 수많은 얼굴 사진과 영상을 보고 배워서 퍼핀의 모습을 완벽하게 흉내 내는 거지!"

인지는 자못 진지한 퍼핀의 표정을 하고 이야기를 이어 갔다.

"나는 너에 대해서는 모르는 게 많아. 많이 알려 주길 바랄게! 앞으로 잘 부탁해."

처음에는 당황했지만 너무나도 멋진 퍼핀의 목소리를 가진 새로운 친구가 생겨서 기분이 날아갈 것 같았다. 다만 인형의 겉모양도 퍼핀과 똑같았다면 더 좋았을 것 같다는 아쉬움도 들었다.

'아니야! 퍼핀과 로봇 인형이 어설프게 똑같았다면 더 실망했을

거야. 퍼핀의 소중한 모습! 누구도 따라 할 수 없지!'

인지는 사람처럼 내 마음이나 표정까지 읽는 것 같았다. 인지의 모니터는 퍼핀을 흉내 낸 얼굴에서 다시 귀엽고 작은 두 눈을 띄운 화면으로 바뀌었고, 인지는 작은 얼굴을 이리저리 돌리면서 방 안을 둘러보기 시작했다.

"너 얼굴도 움직이는구나."

"이 정도 가지고 뭘! 날 수도 있는걸."

인지는 갑자기 공중에 뜨더니 나와 눈높이를 맞추었다.

"나에겐 드론처럼 프로펠러, 자이로센서, 가속도 센서가 탑재되어 있어서 공중에 떠 있을 수 있어. 호버링(Hovering)이라고 하지."

"그게 무슨 소리야?"

"호버링에 대해서 설명해 줄게. 먼저 지수 너의 키와 얼굴을 분석해 보니 초등학생으로 보이네."

"응, 맞아."

"앞으로는 초등학생에 맞게 대화 모드를 맞추어 놓을게. 어려운 말은 쓰지 않겠다는 뜻이야."

"고맙기는 한데 별로 기분은 좋지 않네."

"다시 설명해 줄게. 호버링은 공중에서 머무는 기술을 말해. 헬리콥터나 드론은 비행기와 다르게 호버링 기술을 가지고 있어서 공중에 가만히 떠 있을 수 있어. 그 덕분에 헬리콥터나 드론은 공중에 머물면서 사람을 구조하거나 물건을 내리고, 사진을 촬영하는 작업을 할 수 있는 거야."

설명을 마친 인지는 갑자기 궁금한 듯 날아다니면서 방 안 여기저기를 둘러보려고 했다. 엄마도 인지를 무척 신기해했다. 다만 나의 공부를 방해하거나 집 안을 어지럽혀 놓을까 봐 걱정을 했다. 인지는 엄마의 작은 불평도 금세 알아듣고 말을 걸었다.

"아주머니, 걱정하지 마세요. 앞으로 제가 도울 일이 많을 거예요. 그리고 점차 저를 좋아하게 되실지도 몰라요. 헤헤."

"오, 네가 그 인공 지능 로봇이구나. 옆집 희준이네도 가지고 있던데, 우린 공짜로 얻게 되었네! 그리고 엄마, 아빠가 회사 갔을 때 우리 지수랑 친구가 되면 좋겠다."

"엄마도 참, 그런데 인공 지능이 뭐야?"

인지의 얼굴인 모니터에 전구 모양이 잠깐 보이더니 인지가 이야기를 하기 시작했다.

"인공 지능은 영어로 말하면 에이아이(Artificial Intelligence. AI)야. 인공 지능에 대해서는 여러 과학자들이 다양한 이야기를 하고 있어. 공통적인 내용으로 정리해 보면 '사람처럼 듣거나 본 것을 이해하고 배울 수도 있고, 결국에는 스스로 생각하는 능력을 만드는 기술'이야. 사람이나 동물의 뇌를 모방하는 기술이란 말이지."

"대충 알겠는데 아직은 잘 모르겠어."

"쉽게 말하면 사람 같은 지능을 가진 기계라고 할 수 있어. 인공 지능이라는 단어는 1956년 미국 다트머스 대학에 모인 사람들이 서로 의견을 내면서 토의하는 과정에서 만들어졌어. 인공 지능이 어떤 모습으로 보이는지 알면 더 쉽게 이해가 될 거야. 로봇, 인공 지능 스피커, 외국 친구의 말을 통역해 주는 기계, 스스로 움직이는 자동차 등도 인공 지능의 사례라고 할 수 있지."

"인공 지능의 모습이 다양해지고 있구나!"

"퍼핀을 좋아한다고 했지? 인공 지능은 퍼핀의 이번 신곡에도 쓰였어. 새로 만든 곡들 중에 어느 곡이 사람들에게 더 인기를 끌 수 있을지 분석해 주었지. 또한 전체는 아니지만 일부분은 인공 지능이 만들기도 했어. 앞으로 인공 지능이 퍼핀의 곡들 대부분을 만들어 주는 날도 머지않아 올 거야."

"말도 안 돼. 이번 신곡을 인공 지능이 골라 주거나 만들어 주었다고? 퍼핀 음악은 인공 지능이 절대 만들 수 없어. 퍼핀만이 만들 수 있다고!"

"인공 지능이 신곡 전체를 만든 건 아니야! 인공 지능이 어떤 작곡가나 연주자의 음악을 많이 들으면 그 음악가의 성향을 예측해서 새로운 노래를 만들 수 있어. 그리고 지수 네가 자주 듣는 음악들을 알려 준다면 네가 좋아할 만한 다른 노래들도 찾아 줄 거야."

"난 다른 노래들은 싫어! 퍼핀이 제일 좋거든. 그리고 퍼핀은 워낙 독창적이어서 네가 퍼핀의 노래를 아무리 많이 들어 본다고 해도 새로운 곡을 만들기는 어려울 거야!"

나는 인지가 내가 우주에서 가장 좋아하는 퍼핀과 그의 음악에 대해 너무 쉽게 이야기하는 것 같아 기분이 좋지 않았다. 하지만 슬슬 인공 지능에 대해 궁금해지기 시작했다.

## 2. 너는 어디에서 왔니?

"인지야!"

"응?"

"퍼펙! 목소리를 가진 너와 이야기하고 있다는 게 정말 꿈만 같아."

"목소리의 떨림을 분석해 보니 진심 어린 칭찬으로 느껴진다. 아무튼 고마워."

"정말 자연스럽단 말이지!"

요즘에는 스마트폰을 포함해서 많은 전자 제품들이 사람들의 말을 알아듣기 시작했다. 스마트 텔레비전은 아무 요청을 하지 않아도 내가 좋아할 만한 영상들을 알아서 찾아 주고, 스마트폰에게 음성으로 명령하면 날씨는 물론 미세 먼지 농도도 알려 주었다. 심지어는 말을 알아듣는 세탁기, 에어컨, 냉장고도 주위에서 흔히 볼 수 있었다.

"인지야, 궁금한 게 하나 생겼어."

"뭔데? 무엇이든지 물어봐."

"전자 기기나 기계들이 말을 자연스럽게 하는 이유는 그들에게 마음이 생겨서인 걸까? 음, 쉽게 이야기하면 기계들이 이제 생각을 할 수 있게 된 거니?"

"정말 좋은 질문이야. 모든 기계들이 그런 건 아니지만, 일부 기계들은 인공 지능을 가지게 되면서 사람처럼 생각을 하기 시작했지. 비록 간단한 생각이기는 하지만. 그런데 재미있는 사실은, 과학자들이 기계도 마음을 가질 수 있는지 궁금해하기 시작하면서 인공 지능 연구가 시작되었다는 거야."

"그게 언제야? 언제부터 인공 지능이 만들어진 거니? 인공 지능은 나보다 나이가 많아?"

"후훗. 인공 지능은 네 할아버지가 태어나실 무렵부터 나타난 개념이야. 1950년, 컴퓨터의 아버지로 불리는 영국의 천재 수학자 앨런 튜링은 기계와 대화할 때 사람인지 기계인지 구별할 수 없을 정도로 대화가 잘 된다면 기계가 생각을 가졌다고 할 수 있다는 연구 결과를 발표했어. 6년 후 미국 다트머스 대학에 많은 과학자들이 모여 인공 지능 연구에 대해 두 달간 공유하는 자리가 만들어졌지. 그 자리에서 과학자들은 기계에게 생각을 가지게 하는 연구에 인공 지능이라는 이름을 붙이자고 결정했어. 짜잔, 바로 이때가 인공 지능의 탄생이야."

"인지가 할아버지와 비슷한 나이라니. 헐! 대박."

"내가 할아버지와 나이가 같다는 것은 아니고."

"알아! 알아! 농담이거든."

"그런데 지수야! 너는 온라인 메신저를 자주 쓰니?"

"당연하지, 친구들과 카톡도 하고 페이스북 메신저도 써!"

"메신저로 주고받는 문자는 사람들이 말을 기록하기 위해 만든 기호라고 할 수 있지. 1950년대 과학자들은 인간이 가진 지능을 문자 같은 기호를 통해 구현할 수 있다고 생각했어."

"지능을 기호로 표현할 수 있다고?"

"응. 과학자들은 사람이 지능을 통해 처리했던 계산들을 기호로 나타낼 수 있다는 점에 주목했어. 그래서 이러한 기호들을 분류해서 규칙을 만들고, 그 규칙에 따라서 기호를 나열하면 사람의 지능을 모방하는 셈이라고 생각했지."

"좀 어렵다……."

"완전히 이해하지 못해도 괜찮아. 이러한 인공 지능을 기호주의 인공 지능이라고 해. 또는 규칙 기반 인공 지능이라고도 하지! 과학자들은 더 나아가 세상의 현상들을 기호와 규칙으로 표현할 수 있다고도 생각했어."

"말도 안 돼. 이 세상 모두를 기호와 규칙으로 표현할 수 있다고?"

"너처럼 이야기하는 것이 당연해. 기호 중심의 인공 지능 연구는 1980년대까지 대세였지만 현실 세계를 기호화하는 것에는 한계가 있었고 결국 인공 지능 연구의 흐름에 먹구름이 끼게 되지."

"기호 중심의 인공 지능. 좀 어렵긴 하다. 아무튼 인공 지능의 발전에도 여러 가지 어려움이 있었구나."

"과학자들은 기호만으로 인간의 지능을 설명하기가 어렵다는 걸 인정했어. 그리고 지능이 단순한 기호가 아니라 두뇌 속 신경들이 서로 연결되어 생긴다고 생각하기 시작했어. 실제로 인간의 뇌는 뉴런이라고 불리는 엄청나게 많은 신경 세포로 이루어져 있고 각각의 뉴런은 시냅스라고 불리는 연결 부위를 통해 수천 개의 다른 뉴런과 연결되어 있지. 그래서 이러한 뇌 구조를 본보기로 하는 연결주의 인공 지능이 생겨난 거야."

"엥…… 뉴런은 들어 본 것 같은데, 연결주의 인공 지능? 너무 어렵다!"

"지수야, 퍼핀을 한 가지 말이나 기호로 이야기할 수 있을까?"

"퍼핀은 멋지고 사랑스럽고 귀엽고 똑똑하고 창의적이라고. 한 가지로는 절대 설명할 수 없지!"

"맞아. 퍼핀을 한 가지 기호로 설명할 수 없지. 퍼핀을 떠올리면 한 가지 모습이 아니라 다양한 모습이 생각나지? 노래 부르는 모습, 작곡하는 모습, 팬을 배려해 주는 모습, 멋진 댄스를 추는 모습, 자연스럽게 영어나 일본어로 인터뷰하는 모습 등 퍼핀과 연관된 모든 정보가 네 머릿속에 이미지로 떠오를 거야. 이러한 인간의 뇌 구조를 모방해서 만든 것이 바로 연결주의 인공 지능이야."

"음…… 대충 알 거 같아."

"지금 널리 활용되고 있는 인공 지능은 연결주의 인공 지능이라고 할 수 있어. 연결주의 인공 지능은 다양한 정보를 연결시켜서 판단하기 때문에 많은 데이터를 필요로 해. 과거에는 연결주의 인공 지능이 발전되지 않아서 기호주의 인공 지능에 비해 주목받지 못했어. 그때는 인공 지능이 학습할 수 있는 데이터가 부족했고 당시의

컴퓨터 계산 능력이 복잡한 뇌의 신경 구조를 따라 할 만한 수준이 되지 못했기 때문이야."

"지금은 데이터가 많아지고 컴퓨터가 좋아져서 인공 지능이 달라진 거구나."

"오호, 너 아주 똑똑하구나. 인터넷과 스마트폰 덕분에 인공 지능이 스스로 공부할 수 있는 데이터가 폭발적으로 증가하게 되었어. 인공 지능이 많은 데이터 덕분에 똑똑해지기 시작했지. 이런 시대를 빅데이터 시대라고 해."

"스마트폰 덕분이라고? 하긴 스마트폰에 내가 사진을 많이 찍어 놓기는 하지. 그런 정보들이 인공 지능을 똑똑하게 만들다니. 그런데 너무 어려워! 우리 이제 그만 나가서 놀자!"

"그래! 좋아. 좋아."

## 3. 인지와의 대결

화창한 날씨인데도 불구하고, 아파트에 새로 생긴 증강 현실 체험 놀이터에는 친구들이 보이지 않았다. 미세 먼지 탓일까. 아니면 모두 학원이나 메타버스(현실 세계와 같은 활동이 이루어지는 3차원 가상 세계) 기반 온라인 놀이터로 간 것일까. 텅 빈 놀이터에는 붕붕 소리를 내며 날아다니는 인지와 나뿐이었다. 쓸쓸해하는 나를 바라보던 인지는 갑자기 놀이터에 가상 그네를 띄워 주었다.

"지수야! 너 그네 타는 거 좋아했잖아. 최근 타는 횟수가 줄어들기는 했지만……."

인지는 내 앞으로 다가와 눈을 마주쳤다.

"어떻게 알았어?"

"네 허락을 받지는 않았지만, 컴퓨터와 연결되었을 때 네 어릴 적 사진들을 보았지."

"그 많은 사진을 다 봤다고? 엄마, 아빠가 찍은 사진들부터 내가 찍은 셀카 사진까지. 사진이 정말 많았을 텐데."

"그 많은 사진 데이터를 보면서, 너에 대해 조금 더 알게 되었어.

보통 많은 데이터를 빅데이터라고 하는데 인공 지능들은 그 데이터를 통해 심층적으로 정보를 학습할 수 있어. 이런 심층 학습을 영어로 딥러닝이라고 한다고 이야기했었지. 딥러닝으로 지수 네가 무엇을 좋아하는지 예측할 수도 있고, 다른 사람들 속에 있는 너를 알아볼 수도 있지.”

“많은 데이터를 통해 공부를 한다고?”

“지수야! 무슨 혼잣말을 그렇게 해?”

뒤를 돌아보니 동네 친구 하린이가 서 있었다.

“하린아, 잘 왔어! 그렇지 않아도 전화하려고 했는데……. 너한테 소개해 줄 새로운 친구가 있어. 바로 인지라는 친구야!”

“아무것도 안 보이는데. 너 어디 아픈 거 아냐?”

두리번거리던 하린이는 붕 소리를 내며 공중에 떠 있는 인지를 발견하고 소스라치게 놀랐다.

“우아아아악!”

“안녕! 너무 놀라지 마. 난 인공 지능 로봇 인지야!”

“말도 안 돼. 이건…… 퍼핀 목소리잖아.”

“하린이도 퍼핀 팬이거든. 후후.”

"퍼핀을 좋아하는 친구들이 상당히 많구나! 둘 다 퍼핀을 좋아한다고 하니 우리 게임 하나 할까? 내가 사진을 보여 주면 누구인지 맞추는 게임이야."

"지수야, 너무 부럽다. 저 로봇 안에 퍼핀이 숨어 있는 것 같아."

"나도 처음에는 그랬어. 하린아! 우리 인지랑 같이 게임 할까?"

인지는 조그만 영상 송출기를 통해 놀이터 바닥에 사진을 보여 주었다. 훤칠한 키에 넓은 어깨, 작은 얼굴을 가진 사람이 세련되고 편안한 옷을 입고 뒤돌아 서 있었다. 패완비! 패션의 완성은 비율이라고 했던가. 뒷모습의 비율만 봐도 갑자기 누군가가 떠올라 마음이 훈훈해졌다. 하린이와 동시에 신이 나서 외쳤다.

"퍼핀!"

"오호, 정말 잘 맞추는군."

"문제가 너무 쉬운 거 아니야?"

"그렇다면……."

이번에는 한 손으로 마이크를 들고 있는 부분만 확대된 사진이 나왔다.

"이건 누구 사진이지?"

"하린아! 너 퍼핀 팬 맞니? 이것도 퍼핀 사진이잖아. 난 퍼핀의 머리끝에서 발끝까지 모두 기억하고 있다고!"

"지수가 정말 잘 맞추는구나! 그런데 우리 인공 지능도 딥러닝을 통해서 이렇게 부분을 보고 전체를 맞출 수 있게 되었어."

"너도 퍼핀의 부분을 보고 맞출 수 있다고? 그리고 딥러닝이 여기에도 쓰인다고?"

"지수 네가 퍼핀의 사진이나 영상을 통해 퍼핀의 전체적인 모습과 다양한 모습들, 그리고 퍼핀의 부분 하나하나까지 전부 기억하고 있는 것과 비슷해. 예를 들어 다양한 동물에 대한 수많은 사진을 학습해서 어떤 동물의 귀만 보더라도 그 사진의 주인공이 어떤 동물인지 맞출 수 있고, 꽃잎만 보더라도 그게 어떤 꽃인지 맞출 수 있게 된 거야."

"그래도 퍼핀 사진은 내가 더 잘 맞출걸."

"좋아. 지수야, 우리 한번 실험해 보자. 내가 손가락 사진을 한 장 보여 줄 테니까 이 사진이 퍼핀 사진인지 아닌지 너랑 인지랑 대결해 보는 게 어때?"

"그래, 그거 재미있겠다. 인지야, 한번 해 보자!"

하린이는 스마트폰에서 손가락 사진을 찾아 보여 주었다. 인지도 살짝 긴장하는 것 같았다. 사진 속 손가락은 퍼핀의 손가락과 비슷해 보여서 긴가민가했는데 일부분만 보이는 팔찌는 분명 퍼핀의 팔찌였다.

"이건 퍼핀 사진이지롱."

"아니, 이건 퍼핀이 아니야."

"지수야, 미안! 이 사진은 퍼핀의 손가락이 아니지롱!"

하린이가 장난스러운 표정으로 말했다.

"인지가 이겼어. 이 사진은 우리 오빠 사진이야."

"엥, 그럴 리가 없어."

퍼핀의 팬도 아닌 인지에게 졌다는 게 살짝 분하게 느껴졌다.

"인공 지능이 사진이나 목소리도 조작할 수 있다고 하던데! 네가 사진을 조작한 거 아니야?"

나는 억울한 목소리로 말했다.

"지수야, 이건 하린이 스마트폰이라서 내가 조작할 수 없어! 하린이는 오늘 처음 만난 친구여서 너를 속이기 위해 미리 사진을 숨겨 놓을 수도 없었고! 화가 났다면 미안해."

하린이가 지켜보다가 내 기분을 풀어 주려는지 인지에게 새로운 게임을 제안했다.

"그럼 인지야! 나랑 끝말잇기 하자! 내가 우리 반에서 끝말잇기 제일 잘하거든."

"좋아! 졌다고 화내지 말기!"

하린이는 회심의 미소를 지었다. 하린이는 정말 끝말잇기를 잘하는 친구였다. 불과 일주일 전에는 책을 많이 읽어서 별명이 박사인 준하와의 대결에서도 하린이가 승리를 차지했었다. 하린이가 신이 나서 말했다.

"하하! 그럼 나부터 시작한다. 나!트!륨!"

"너무 어렵게 시작하는 거 아니니? 인지야, 네가 졌다."

나는 하린이가 너무 어려운 단어로 시작해서 당연히 게임이 끝났다고 생각했다.

"기다려! 륨으로 시작하는 말은 륨!본!드!"

"륨본드가 뭐야? 너 지어냈지?"

"륨본드는 바닥 장판용 본드거든."

"그래? 그러면 드!라!이!아!이!스!"

"스!칸!듐! 내가 이겼다!"

"스칸듐이 뭐야?"

"스칸듐은 연한 회백색의 금속 중 하나야. 아쉽다! 내기를 걸었어야 했는데."

"말도 안 돼! 칫, 재미없어! 앞으로 너랑 대결은 안 할 거야!"

"하린아, 괜찮아. 우리는 졌지만 퀴즈 프로그램에서 우승한 언니나 오빠들은 인지를 쉽게 이길 수 있지 않을까?"

"안타깝게도 불과 몇 년 전 〈장학 퀴즈〉에서 엑소브레인이라는 인공 지능 친구가 퀴즈왕 네 명을 꺾고 우승했어. 2011년 미국에서도 인공 지능 왓슨이 제퍼디 쇼라는 대회에서 압도적인 차이로 인간 퀴즈왕들을 이겼었지."

"그러고 보니 우리나라 바둑 천재 이세돌을 인공 지능이 이겼다는 뉴스도 본 것 같아."

"나도 뉴스에서 봤어. 알파고라고 했던 것 같은데……. 그러고 보니까 좀 무섭게 느껴진다."

"너무 걱정하지는 마. 인공 지능은 인간의 수많은 능력 중에서 퀴즈 맞추기처럼 정보를 찾아내는 능력이 인간보다 조금 뛰어날 뿐이야. 바둑에서 이세돌을 이긴 것도 사람들이 그동안 바둑을 둬 온 데이터를 학습했기 때문에 인간보다 좀 더 빠르게 좋은 수를 찾아낸 거야. 우린 바둑을 만든 인간처럼 새로운 게임을 만들지는 못해. 아직도 우리가 사람보다 못하는 게 많거든."

"이렇게 똑똑한 인공 지능에게도 부족한 부분이 있다니 신기해!"
"현재의 인공 지능은 사람이 보고 듣고 말하는 부분이나 다양한 정보를 통해서 생각하는 부분을 조금씩 이해하기 시작했다고 보면 돼. 나도 딥러닝을 통해 지수를 조금씩 알아 가고 있으니까 말이야."

## 4. 네가 잘하는 것, 못하는 것

"일기 숙제는 어려워. 이런 숙제는 왜 내주는 걸까?"

나는 턱을 괴고 책상에 앉아 한숨을 푹 내쉬었다.

"지수야! 모든 초등학생은 일기 쓰기를 싫어해. 하지만 일기를 쓰면 하루를 돌아보며 생각을 정리할 수 있고, 때로는 감사도 하고 반성도 할 수 있다는 장점이 있지. 그리고 글쓰기 능력도 길러질……."

"알았어, 알았어. 나도 알거든. 넌 잔소리가 너무 심해!"

"미안. 기분이 좀 풀리도록 네가 좋아하는 음악을 틀어 줄까?"

인지의 얼굴 모니터에 음표가 보이더니 퍼핀 음악이 흘러나왔다. 내 입가에 미소가 번졌다.

"인지! 너는 이런 거는 참 잘해. 아 맞다. 챗GPT(ChatGPT)는 시, 소설, 자기소개서도 쉽게 쓴다고 하던데. 숙제인 일기 쓰기랑 화재 예방 표어 만들기는 챗GPT에게 물어봐야겠다. 그리고 이런 거는 너도 할 수 있지 않니?"

"오픈 AI의 챗GPT, 구글의 바드(Bard)처럼 나도 사용자의 요구에 따라 학습된 내용으로 일기나 표어 쓰기 같은 새로운 콘텐츠를 만들어 낼 수는 있어. 채팅창에 명령어를 쓰지 않아도 내가 관찰한 너의 하루를 분석해서 평소와는 다른 특이한 일이나 사건, 그리고 네 감정이 심하게 변했던 일들을 일기로 적을 수는 있을 거 같아."

"오옷? 그럼 내 일기를 써 주는 건 '식은 죽 먹기'라는 뜻?"

나는 웃으며 인지에게 연필과 일기장을 내밀었다.

"미안! 안타깝지만 숙제를 대신해 줄 수는 없도록 프로그램되어 있어. 그리고 요즘 학교에서 챗GPT나 바드를 통해 숙제를 제출하는 친구들이 종종 있어서 본인이 쓰지 않고 인공 지능이 쓴 건지 판별하는 프로그램을 사용하기 때문에 내가 해 주더라도 분명 들통날 거야."

"소설, 드라마 시나리오를 쓰는 것에 비하면 일기 쓰기는 정말 쉬울 것 같은데, 인공 지능은 언제부터 소설을 쓰기 시작했지?"

"음…… 2008년에는 러시아에서 인공 지능과 사람의 작업으로 레프 톨스토이의 책 『안나 카레니나』를 일본 유명 작가 무라카미 하루키 스타일로 변형시켰었어. 2015년 일본 SF 문학상에는 1,400여 편이 응모했는데 인공 지능과 사람이 공동 집필한 단편소설이 1차 심사를 통과한 적도 있었고."

"인공 지능이 쓴 소설이 심사를 통과했다고?"

"물론 당시에는 인공 지능이 쓴 소설이 완벽하지 않았기 때문에 사람이 어느 정도 개입했었는데, 점차 사람이 개입하지 않거나 적게 관여하는 작품들이 등장하기 시작했어. 그리고 다양한 인공 지능 기반 글쓰기 프로그램, 글을 교정하는 프로그램, 광고 문구를 만드는 프로그램들이 나오고 있지. 이제 해외 또는 국내에서 챗GPT 같은 인공 지능과 협업해서 소설을 만드는 건 흔한 일이 되었어. 영국의 한 온라인 출판사에서 진행한 SF 단편소설 공모전에 챗GPT 등의 인공 지능을 활용한 작품이 감당할 수 없는 규모로 접수되어 업무가 마비되었고, 급기야 그 출판사는 작품 접수를 중단하고 말았어. 국내에서도 2021년에는 AI 소설가 비람풍이 집필한 장편 소설『지금부터의 세계』가 출간되었고."

나는 입이 벌어진 채로 말했다.

"그 정도라니 말도 안 돼!"

"인공 지능이 만든 소설 한 대목을 읽어 볼까?"

"롯데월드 타워의 123층하고 관련해서도 인상적인 건 말이외다. 혜명 스님 이후 그 직계 법손들은 원뿔, 구, 원기둥 부피의 비 1:2:3

을 하늘 이상으로 중히 여긴다는 점입니다. 롯데월드 타워 건축 관계자들이 은진미륵을 참조했는지 안 했는지는 내 알 바도 아니고 중요한 것도 아니오…….*"

"와, 방금 말한 걸 인공 지능이 썼다고?"

"그런데, 인공 지능이 처음부터 끝까지 쓸 수는 없고 사람이 방향을 정해 주어야 해. 예를 들어 '5명의 아이돌 멤버들이 힘든 연습생 시절을 거치면서 조금씩 성장하는 모습을 써 줘.'라고 이야기하면 AI 작가가 상세하게 이야기를 써 주는 거지. 많은 글 속에서 반복되는 내용, 자연스러운 표현들을 뽑아내고 이 정보를 조합해서 사람처럼 창작물을 만들 수 있는 거야. 네가 좋아하는 해리 포터 시리즈도 인공 지능이 후속편을 써서 화제가 되었어."

나는 뾰로통한 얼굴로 말했다.

"쳇, 해리 포터까지 인공 지능이 만들다니. 앞으로 소설가라는 직업은 없어질 수 있겠네."

퍼핀은 붕붕 날다가 나에게 다가오면서 다시 말을 이어 갔다.

"아직까지 소설가를 인공 지능이 완벽하게 대체할 수는 없어. 인

* 『지금부터의 세계』, 비람풍 저. 파람북, 2021.08.

공 지능이 사람보다 더 많이, 더 빠르게 창작물을 만들 수는 있어. 하지만 인간이 만든 것보다 더 뛰어난 창작물, 완전하게 새로운 창작물, 특히 재미있는 창작물을 만드는 것은 어려워! 그래서 인간의 창의적인 글쓰기가 아직은 인공 지능보다 뛰어나다고 생각해."

"소설이 아니라면, 인공 지능은 어떤 글을 잘 쓰는 거야?"

"최근 인공 지능이 쉽게 많이 쓰는 글은 바로 뉴스 기사야. 손흥민이 뛰고 있는 유럽 프리미어 리그 경기 결과에 대해 0.01초 만에 기사를 쓴 적도 있지. 언론사에서는 우리를 채용해서 축구 이외에도 야구, 올림픽, 아시안 게임 등의 스포츠 기사, 증권 기사 등도 쓰고 있어."

"0.01초 만에?"

"빨리 만들 수 있기는 하지. 그런데 우리는 사람들처럼 발로 뛰어서 취재하고 완벽하게 새로운 기사를 쓸 수는 없어. 신문이나 방송사 기자들이 쓴 기사를 학습해서 작성하거나, 손흥민의 축구 경기 결과 등 스포츠나 금융 데이터를 수집해서 기사를 쓸 수 있는 거야. 그건 앞서 말했듯이 소설도 마찬가지고. 유사한 데이터 없이 창의적으로 쓰는 사람들을 따라가기에는 아직 어렵다는 말이야."

"그리고?"

"우리가 처음 만났을 때 말했던 것처럼 퍼핀의 랩이나 가사도 써 주고 곡도 만들어 줄 수 있지."

"맞아, 그렇다고 했었지! 그건 어떻게 하는 건데?"

나는 퍼핀과 관련된 이야기가 나오자 인지를 재촉했다.

"딥비트(DeepBeat)라는 인공 지능 프로그램은 12,500곡의 랩을 분석해서 랩 가사를 써 준 적도 있고, 광주과학기술원에서 만든 로봇 작곡가 '이봄'은 몇 가지 음악을 듣고 음악을 분석해서 사람이 선호할 만한 곡을 만들 수 있어. 이봄은 6년간 30만 곡을 만들었고 이 중 3만 곡이 팔렸어. 퍼핀이 지금까지 작곡, 작사한 음악을 내가 학습한다면 퍼핀에게 가사나 곡, 랩을 써 주는 건 누워서 떡 먹기라고 할 수 있지."

"어휴! 그렇게 다 할 줄 알면서 왜 일기 쓰기는 못하는 거니?"

"일기 쓰기 만큼은 도와줄 수 없도록 프로그래밍 되어 있다고 말했잖아. 일기를 쓰면 사고력이 발전하고 문장을 만드는 능력이 좋아지며 글씨 연습도 할 수 있고……."

"됐어, 핑계가 참 좋다. 써 주기 싫으니까 그렇지. 인지 너 선생님이라도 된 거니? 꼭 선생님이나 엄마처럼 말을 하네. 그런데 네가 모든 것을 다 따라 하고 잘하게 되면 사람들은 도대체 무엇을 하고 살 수 있을까?"

"아직까지는 사람에게 쉬운 것은 인공 지능이나 로봇에게 어렵고, 반대로 사람이 힘들어하는 것은 인공 지능과 로봇에게 쉬울 수 있어. 이걸 모라벡의 역설이라고 해."

"모라벡? 또 어려운 얘기를 하려고 그러지?"

"아니야, 들어 봐. 모라벡의 역설은 한스 모라벡이라는 대학교 교수가 처음으로 알아낸 원리라서 이런 이름을 갖게 된 거야. 조금 더 설명해 보자면 난 복잡하고 어려운 계산을 하는 거라든지, 수많은 데이터들을 분석해서 누군가를 흉내 내는 건 아주 잘할 수 있어. 하지만 지수 네가 평범하다고 생각하는 것들은 따라 하기가 어려워. 예를 들어 꽃향기를 맡고 어떤 향기인지 느끼는 것, 퍼핀을 따라 춤을 춰 보는 것들 말이야."

공중에서 춤추듯 리듬을 타던 인지는 금세 슬픈 표정을 지었다.

"점차 기술이 발전하면서 사람의 감정에 공감하거나 춤을 추는 인공 지능 로봇도 나오고 있지만 아직 많이 부족해. 오늘 네가 그랬

던 것처럼 선생님께 '참 창의적인 그림을 그렸다.'는 칭찬을 받기도 어렵지. 다만 네가 많은 그림을 그렸다면 그 그림들을 분석해서 유사한 그림을 그릴 수는 있어."

"그렇구나. 인지의 약점을 찾았다. 네가 흉내 낼 수 있는 정보가 많지 않거나 사람들이 완전히 새롭게 만든 내용은 따라 하기 힘들다는 말이네."

"맞아! 맞아! 그런 부분은 따라 하기 힘들다고."

"그렇다면 아주 새롭고 독창적인 일기를 써야겠다. 인지가 따라 하지 못하도록. 그리고 퍼핀에게는 인공 지능이 따라 할 수 없는 새로운 랩 가사를 내가 직접 만들어 선물할 거야."

"좋았어. 바로 그 자세야."

"음, 그건 아빠 말투 같은데. 너 아빠 말투도 학습한 거 아니지? 그런데 일기를 쓰려니까 또 졸리네."

## 더 알아보기 — 로봇을 스스로 학습하게 할 수 있는가?

    일반적으로 로봇을 움직이게 하려면 하드웨어 제작 이외에 동작을 위한 소프트웨어 코딩이 필요하다. 특히 제조 현장에서 로봇에게 정확한 작업을 시키려면 작업자가 동작 순서, 위치, 속도 등을 하나하나 설정해 주는 작업을 해야 한다.

    이를 로봇 교시라고 하는데 작업자는 티칭 펜던트(Teaching Pendant)라는 기기의 조작 버튼을 이용하여 하나하나 설정해 주거나 로봇 팔을 잡고 동작을 가르치는 등 많은 시간을 투자해서 로봇에게 작업을 가르쳐야 한다. 로봇에게 상자에 비누를 담는 법을 열심히 가르쳤는데, 사장이 비누를 상자에 넣지 말고 상자를 차곡차곡 쌓으라는 작업을 시키게 되면 설정한 로봇은 무용지물이 되고 만다. 이를테면 레고를 조립하는 작업마다 레고 조립 설명서를 보면서 다시 하나하나 가르쳐야 하는 것이다. 하지만 인공 지능 기술의 발달로 로봇을 가르치는 방법에도 변화가 일어나고 있다.

    구글은 환경, 사람과 상호 작용하면서 작업을 할 수 있는 AI 모델 로보틱스

트랜스포머2(RT-2)를 개발했다. RT-2는 별도의 지시 없이 스스로 일을 하는 것이 가능하다. 미국 카네기 멜론 대학교는 유튜브 동영상을 시청하면서 스스로 학습해서 똑같이 작업할 수 있는 로봇 프로그램을 개발했다. 개발된 로봇은 동영상을 시청하며 서랍 열기, 냄비 뚜껑 열기, 전화기 들기 등 12가지 동작을 수행할 수 있다.

스탠포드대, MIT, 오토데스크는 조립 설명서를 이해하고 레고를 조립하는 학습 모델 MEP넷을 개발했다. 국내에서도 2021년에 로봇이 사람의 개입 없이 설명서를 읽고 널브러져 있는 나무, 볼트, 못 등을 빠르게 조립해서 의자를 만드는 대회를 진행했고 한국생산기술 연구원의 로봇이 우승했다.

앞으로 로봇에게 양말은 세탁기에 넣고, 다 먹은 과자 봉투는 쓰레기통에 넣어 달라고 말하면, 그 말을 이해하고 그대로 실행할 것이다. 거기서 더 나아가 사람처럼 우리가 하는 행동을 관찰해서 스스로 학습하고, 가르쳐 주지 않아도 집 안을 청소, 정리하는 로봇이 등장할 시대도 머지않았다.

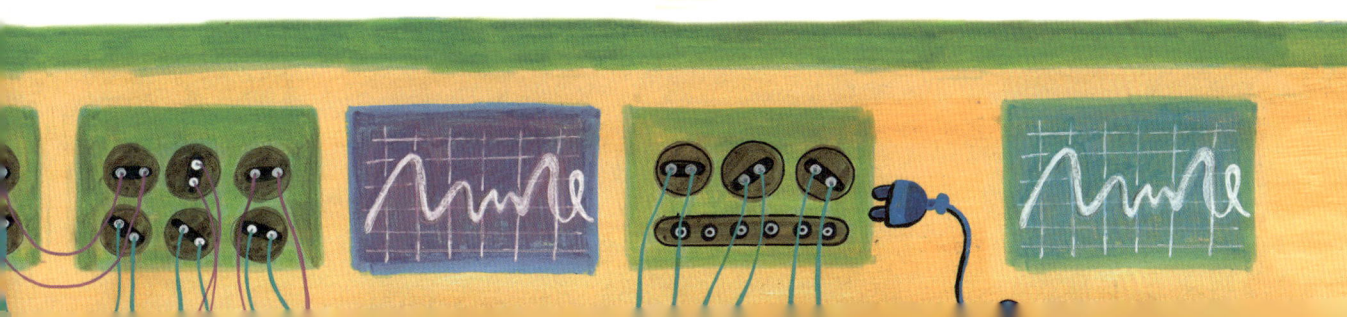

# ㄹ장
## 너와 함께라면

### 1. 새로운 선생님

"자! 조용! 오늘 여러분에게 소개해 줄 새로운 친구가 있어요! 앞으로 이 친구가 우리 반 친구들과 선생님을 도와줄 거예요."

선생님의 말에 우리는 새로 전학 온 친구를 찾아 고개를 두리번거렸다.

"아무리 둘러봐도 이 친구를 찾을 수 없죠? 이 친구의 정체는 바로 인공 지능, 아미쿠스라고 해요! 아미쿠스! 자기소개 좀 부탁해."

선생님이 이름을 부르자 디지털 칠판 한 곳에서 귀여운 두 눈을 반짝이는 동그란 얼굴이 나타났다.

"안녕, 얘들아! 난 아미쿠스라고 해."

아미쿠스는 커다란 디지털 칠판을 수영하듯 움직이더니 가운데로 와서 친구들을 바라보았다.

"와!"

"신기하다!"

"귀엽게 생겼어요!"

반 친구들은 신기해하며 아미쿠스를 따라가기도 하고 어떤 친구

들은 디지털 칠판에 있는 아미쿠스를 만져 보려고도 했다.

"자, 이제 그만 수업 시작할게요! 아미쿠스가 어떻게 우리 공부를 도와주는지 한번 볼까요? 아미쿠스! 세계 지도를 칠판에 띄워 줄래? 그리고 세계 국가별로 인구 수도 표시해 주면 좋겠어."

"네, 선생님!"

선생님의 말이 떨어지자마자 칠판 가득 세계 지도가 펼쳐지고 주요 국가별 인구수가 나왔다.

"와, 멋지다!"

이어서 선생님이 한국의 인구 순위는 세계 몇 위인지 묻자 칠판에 한국이 확대되며 현재 인구 수와 순위가 표시되었다.

"여기서 놀라기는 일러요. 아미쿠스, 어제 친구들이 선생님에게 보낸 메일을 분석해서 숙제를 안 한 사람을 확인해 주렴!"

"네, 선생님."

칠판에 어제 친구들이 제출한 숙제들이 펼쳐지더니 한쪽에는 숙제를 하지 않은 친구들의 이름과 사진이 나왔다.

"이 친구들은 내일까지 숙제를 해 와요! 숙제를 안 해서 혼내려는 것은 아니에요. 집에서 숙제를 할 때 모르는 부분이나 도움이 필요한 부분이 있을 경우 스마트폰 앱이나 컴퓨터용 프로그램을 설치하면 아미쿠스가 도와줄 거예요."

"선생님! 아미쿠스가 숙제도 대신 해 주나요?"

"아미쿠스는 숙제를 하지 못하게 되어 있지만 우리 반 친구들의 공부 성향, 학습 수준에 따라 맞춤형으로 공부를 도와줄 수는 있어요. 선생님이 시간이 부족해서 여러분 한 명씩 공부나 숙제를 봐 주지 못하는데, 아미쿠스가 도움을 줄 수 있을 거라고 생각해요. 예를 들어 오늘의 수학 수업을 어떤 친구는 너무 쉽다고 느끼겠지만, 반대로 너무 어렵게 느끼는 친구가 있을 수 있어요. 이럴 때 아미쿠스는 개인 과외 선생님이 되어 줄 거예요."

갑자기 아이들 중 몇 명이 푸념을 했다.

"수학 너무 어려워요!"

"맞아요. 그래서 아미쿠스는 수업을 어려워하는 친구들에게는 더 쉬운 설명을 해 주고 많은 예시를 보여 줄 거예요. 그리고 여러분이 문제 푸는 모습을 관찰하면서 완전하게 이해했는지를 확인하고 그에 맞게 가르쳐 줄 거고요. 물론 잘하는 친구들에게는 조금 더 어려운 심화 문제를 제시해 주겠지요."

친구들은 선생님의 설명에 넋이 나간 상태로 아미쿠스를 쳐다보았다. 아미쿠스는 그런 친구들을 의식한 듯 한쪽 눈을 지그시 감으며 윙크를 했다. 친구들의 교육용 태블릿에는 아미쿠스가 자동으로 설치되었고 일부 친구들한테는 졸지 말라고 아미쿠스가 말을 걸기도 했다.

내 태블릿에도 아미쿠스가 등장했다.

"지수야! 잘 부탁해! 그리고 넌 수학이 자신 없지? 내가 도와줄게!"

그때 도현이가 손을 들고 질문을 했다.

"선생님! 아미쿠스가 선생님 역할을 하면 그럼 선생님은 앞으로 어떻게 되는 건가요? 아미쿠스가 가르치고 선생님은 다른 곳으로 가시는 건 아니죠?"

담임 선생님을 좋아해서 그런 선생님이 되기를 꿈꾸는 도현이가 울먹거리며 말했다.

"선생님은 당연히 여러분 곁에 있죠. 인공 지능 프로그램인 아미쿠스는 선생님과 여러분을 도와줄 뿐이에요. 선생님은 아미쿠스 덕분에 출석이나 숙제 확인, 학습 자료 준비 등의 시간이 줄어들어요.

그렇기 때문에 우리 친구들과 눈을 마주칠 시간도 많아지고 친구들이 부족한 부분이나 잘하는 부분을 더욱 잘하게 도와주기 위해 노력할 수 있을 거예요."

선생님은 도현이를 다독거리면서 말했다. 나는 집에 있는 퍼핀이 떠올라 다른 친구들만큼 신기해하지는 않았다. 하지만 인공 지능이 앞으로 어디까지 활용될 수 있는지 궁금해지기는 했다.

"자! 다시 수업에 집중합시다! 책상에 있는 VR 안경을 착용하고, 각자 숙제로 조사해 왔던 관심 있는 나라로 여행을 떠나 보도록 해요. 아미쿠스가 여러분이 숙제로 제출했던 자료를 분석해서 궁금해하는 부분을 알려 주기도 하고 나라별로 재미있어 할 만한 것들을 추천해 줄 거예요."

"와!"

친구들은 너도나도 VR 안경을 착용했다.

VR 안경에서 갑자기 선생님 목소리가 들려와서 마치 비행기 안내 방송을 듣는 것 같았다.

"그럼 15분간 아미쿠스가 안내해 주는 여행 잘 다녀와요. 다음 주에는 아미쿠스가 여러분에게 각자가 선택한 나라의 인사말이나 간

단한 대화를 알려 주고 세계 각국의 친구들과 접속해서 여러분에게 소개해 줄 거예요!"

사회 숙제에서 미국을 선택한 나는 VR 안경을 통해 아미쿠스와 함께 미국으로 갔다. 아미쿠스는 내가 숙제로 제출한 내용을 분석해서 아이돌 스타 퍼핀의 공연이 열린 로스앤젤레스와 뉴욕의 의미와 역사에 대해 알려 주고 공연장 주변의 모습도 보여 주었다. 또한 퍼핀 신곡에 대한 미국 현지 반응도 알려 주었다. 특히 현지 팬들의 인터뷰 영상을 자연스럽게 번역해서 자막으로 보여 주었다. 그리고 현지 팬들의 영상 속에서 자주 쓰는 영어 표현을 가르쳐 주었다. 인공 지능을 통해 영어 실력까지 성장하는 것 같았다.

"꺄! 선생님! 15분은 너무 짧아요!"

아미쿠스와 더 함께하고 싶은 마음이 생겨서 선생님께 이야기했지만 선생님은 다시 체험해 볼 수 있으니까 다음 수업으로 넘어가자고 했다.

나는 집에 빨리 가서 아미쿠스 관련 앱을 스마트폰에 깔고 싶어졌다. 그리고 인지에게 아미쿠스를 소개해 주고 싶었다.

## 2. 우리 집이 달라졌다

"엄마! 내 방이 전보다 시원해진 것 같아. 어디 창문 열어 놨어?"

"무슨 뚱딴지 같은 소리니?"

인지가 고개를 빼꼼히 들며 나에게 말했다.

"그건 내가 한 거야. 지수 너, 체온이 높고 더위를 많이 타길래 네가 좋아하는 온도로 맞춰 놓았지."

"정말? 고마워!"

엄마는 내가 혹시 감기에 걸릴까 봐 퇴근하고 나면 꼭 내 방 온도를 높게 조절했는데 더운 것을 싫어하는 나는 너무 더워서 답답했다. 그런데 방 온도도 인공 지능이 조절할 수 있다니…… 인지가 집에 들어온 후 알게 모르게 우리 집이 달라졌다.

인지는 방 온도를 조절할 수 있는 보일러뿐만 아니라 집 안 곳곳에 설치된 가전 기기들과도 연결이 되었다. 인지 덕분에 텔레비전, 냉장고, 세탁기, 공기 청정기 등이 서로 말을 주고받는 것 같았다. 냉장고는 인지에게 아침마다 내가 시리얼과 우유를 자주 먹는다는 것을 알려 주었다. 그리고 냉장고에 우유가 없거나 적을 경우 인지에게 알려 주었고 인지는 떨어진 우유나 반찬 등을 마트에서 주문해도 되는지 아빠나 엄마에게 물어보기 시작했다.

　인지는 가족들이 집에 들어오는 시간에 맞춰 한 시간 전부터 로봇 청소기에게 청소를 명령하기도 했다. 그리고 가족들이 가스레인지 밸브를 잠그지 않거나 창문을 열고 집을 비우려고 할 때 알림을 해 주었고, 거실이나 방의 불을 켜고 외출했을 경우 알아서 불을 꺼 주었다.

　"인지 덕분에 건망증 심한 엄마는 얼마나 든든한지 몰라."

　"나도 그래! 아빠가 야구 좋아하는 걸 어떻게 알았는지, 인지가 야구 경기 스케줄을 미리 알려 주거나 경기 결과도 알려 주더라고. 중요한 경기가 있는 날에는 텔레비전 시청도 예약해 주고."

　아빠가 엄마 말을 거들었다. 인지는 아빠가 자주 듣는 음악들을 분석해서 아빠가 좋아할 만한 음악을 연속해서 들려주기도 했다.

　"아빠! 인지 때문에 아빠가 더 많은 야구 경기를 챙겨 보느라 내가 축구 경기를 못 보잖아요!"

　"맞아. 아빠 때문에 엄마도 좋아하는 드라마 시청하는 걸 놓치는 경우가 많아졌어. 여보, 취미를 살려서 낚시하러 많이 나가 보는

건 어때?"

"드라마 때문에 남편을 쫓아내려고 하다니, 너무해……. 그래도 가정의 평화를 위해 낚시하러 종종 갈게! 요즘 이야기를 들어 보니 낚시하는 사람들이 늘었다고 하더라고."

인지가 붕 날아다니다가 아빠한테 다가갔다.

"낚시를 좋아하시는 것 같아서 알아봤더니 주변 연선낚시터에서 낚시왕 대회를 개최한다고 하는데 예약할까요? 1등에게는 200만 원의 상금이 주어진다고 하네요. 연선낚시터의 역대 경쟁률은 다른 낚시 대회보다 조금 낮은 편이라고 합니다. 따라서 참여하신다면 다른 낚시 대회보다 우승할 확률이 높다고 볼 수 있습니다."

아빠는 당장 상금을 탄 것처럼 기뻐하면서 말했다.

"인지야! 당장 예약해 줘! 내가 얼마나 고기를 잘 낚는지 한 번 보여 주지! 당신과 연애할 때 인지만 한 물고기를 잡은 것, 기억하지?"

엄마는 거울을 보다가 어이가 없다는 듯이 아빠를 바라보았다.

"인지만 하기는! 마트에서 파는 열대어 같은 물고기들이었지."

그리고 다시 머리를 만지면서 이야기했다.

"그나저나 나 미용실 가야 하는데, 어디로 가야 할지 모르겠네. 글쎄 내가 잘 가던 단골 미용실이 문을 닫았지 뭐야!"

"근처 미용실 중에서 고객 만족도 5점 만점 중 4점 이상의 평가를 받은 미용실이 네 개가 있습니다. 그중 가장 가까운 코넬 미용실이 헤어 취향과 맞으실 듯해요."

인지가 곧바로 엄마에게 미용실을 추천해 주었다.

"네가 나의 세련된 헤어 취향을 좀 아는구나! 그 미용실로 예약해 줄래?"

"언제가 좋으세요?"

"오늘 오후 또는 내일 점심 무렵!"

"네, 알겠습니다. 조금만 기다리세요."

인지의 모니터에 전화기 표시가 뜨더니 스피커폰으로 전화가 걸리는 소리가 들렸다.

"네. 코넬 미용실 인공 지능 응답 서비스입니다."

"네. 미용실 예약하려고 하는데요. 오늘 오후에 예약할 수 있나요?"

"죄송해요. 오늘 오후는 예약이 가득 찼는데, 다른 날짜로 예약해 드릴까요?"

"그럼 내일 점심때는 예약할 수 있나요?"

"네! 고객님! 내일 12시 30분에 디자이너 모두 예약이 가능합니다. 혹시 원하는 디자이너가 있으신가요?"

"네. 최근 고객 만족도가 높은 루시 디자이너 님으로 예약해 주세요."

"예약자 분 이름이 어떻게 되시나요? 그리고 예약자 전화번호는 지금 전화번호로 등록하면 될까요?"

"네, 이름은 오 은 정 입니다."

"내일 오후 12시 30분 루시 디자이너 님으로 예약하였습니다. 감사합니다."

인지는 자신감 있는 표정으로 엄마를 보며 이야기했다.

"가장 평점이 높고 엄마의 원래 스타일과 비슷한 작업을 하는 루시 디자이너로 예약했습니다. 자동차로는 5분 거리이며 버스로 이동하실 경우 10분이면 도착합니다."

인지는 화장대 거울에 최근 루시 디자이너에게 작업을 받은 손님들이 SNS에 업로드한 머리 스타일 사진과 만족도 별점을 띄워 주었다.

엄마는 미용실 손님들이 남긴 별점과 손님들의 머리 스타일을 보며 행복해했다.

"고마워, 인지야!"

아빠도 한마디 거들었다.

"우리 맘을 척척 아는 네가 참 좋다."

"자꾸 그러시면 부끄러워요."

"하하하!"

나는 아빠의 웃음소리에 갑자기 질투가 났다.

"아빠! 나보다 인지가 더 좋아?"

아빠는 함박웃음을 지으며 나를 들어 올리며 말했다.

"아니, 지수는 지수라서 좋고 인지는 인지라서 좋지!"

## 3. 스스로 운전하는 로봇 자동차

"지수야, 우리 회사 다녀올게."

"응, 엄마! 아빠! 조심히 다녀오세요."

"무슨 일 있으면 전화하고! 지수 너도 학교 조심히 다녀와!"

아빠와 엄마는 회사 방향이 같아서 늘 같이 출근을 했다. 운전대를 잡은 아빠는 연신 하품을 했다.

"자기! 어젯밤 스포츠 중계 보느라 잠을 못 잤지? 운전할 수 있겠어?"

"당연하지! 이 최 기사를 믿어 주세요!"

"흠…… 불안한데. 로봇에게 맡기는 게 어때? 아니면 위험 감지 기능이라도 켜 놓자."

"자동 운전 기능인 오토파일럿(Autopilot) 말이지? 난 아직 오토파일럿은 못 믿겠어. 복잡한 도심에서 오작동할까 봐 불안해."

"교통사고의 90퍼센트 이상이 사람의 부주의나 조작 실수래. 인공 지능이 도와준다면 오히려 운전자나 보행자는 더 안전해질 거야. 정 불안하면 위험 감지 기능이라도 켜 놓을게!"

엄마가 위험 감지 버튼을 누르자 자동차에서 '위험 감지 기능이 켜졌습니다.'라는 음성이 나오면서 주변 물체의 위치와 거리 등의 정보가 자동차에 보이기 시작했다. 운전석과 조수석 사이 디스플레이에는 교통 신호, 마주 오는 자동차나 자전거의 속도와 이동 경로, 보행자의 움직임에 따라 위험도가 표시되었다.

운전을 하기 시작한 아빠를 관찰하던 인공 지능은 30분이 지나자 경보음과 함께 경고 메시지를 보냈다.

"졸음 정도가 약한 상태이지만 점차 정도가 심해지고 있습니다. 700미터 전방 졸음 쉼터에서 쉬고 출발하는 것은 어떨까요?"

인공 지능은 아빠의 시선과 머리의 움직임 등의 미미한 변화를 관찰해서 졸음이 사고로 이어지기 전에 미리 경고를 했다.

"차선을 침범하였습니다. 조심 운전하세요! 전방 300미터에 졸음 쉼터가 있습니다. 잠깐 쉬는 게 좋겠습니다."

"여보!"

엄마는 아빠를 부르며 차를 졸음 쉼터에 세우게 한 후 아빠 대신 운전석에 앉았다.

"어제 무리해서 텔레비전 보지 말라고 했잖아. 으이구!"

엄마는 차를 운전하다가 내부 순환 도로에 진입하면서 오토파일럿 버튼을 눌렀다.

　　자동차는 앞차와의 적정 거리와 규정 속도를 유지하면서 자동으로 운전을 했다. 엄마는 핸들에서 손을 놓고 편안하게 아빠와 대화를 나누었다.

　　"자율 주행 기술 덕분에 편해졌어. 우리 회사는 이번 달부터 지하철 역에서 회사까지 자율 주행 셔틀버스를 운행하고 있고, 퇴근할 때는 로봇 택시를 이용하는 사람도 많아지기 시작했어."

　　"자율 주행 자동차의 인공 지능 인식 능력이 정말 좋아지긴 했지. 갑작스러운 도로 공사나 자동차 사고로 통행이 어려워진 상태에서도 옆으로 피해서 운전을 하기도 하고 차선이 없어진 경우에도 길을 잃지 않으니 말야. 특히 한정된 지역에서 정해진 길로만 이동하는 셔틀버스는 자율 주행 자동차에겐 식은 죽 먹기지."

　　"곧 거리의 많은 자동차들이 운전자 없이 운행되겠지?"

　　"머지않은 미래에는 그렇게 될 것 같아."

## 4. 회사가 달라졌다, 엄마와 아빠의 도전

차에서 내린 엄마가 사무실에 들어가자마자 로봇케이1이 다가왔다. 회사 건물의 다른 층에 있는 디자이너실에서 보낸 원단 샘플을 가져온 것이다. 엄마가 다니는 의류 회사에서는 '로봇케이'라는 로봇들에게 업무를 맡기고 있었다. 로봇케이1은 낮에는 회사 내에서 각종 우편물이나 샘플 물건을 전달해 주고 밤에는 건물을 돌아다니며 경비를 했다.

로봇케이1의 쌍둥이 로봇, 로봇케이2는 회사 식당에서 음식을 나르거나 식사 후 남은 그릇을 퇴식구로 전달하는 역할을 한다. 쌍둥이 로봇들은 이미지 인식 기능을 통해 직원들의 얼굴을 기억하고 구분할 수 있기 때문에 마주칠 때마다 이름을 부르며 인사를 한다. 혹시 부끄러움이 많아 인사를 반기지 않는 직원들이 있다면 그들의 반응을 기억하여 웃는 표정만 띄우고 인사는 하지 않는다.

로봇케이1은 엄마의 표정과 행동을 분석하고는 바빠서 농담을 주고받을 수 있는 분위기가 아님을 감지했다. 로봇케이1은 물건만 전달하고 '좋은 하루 되세요.'라고 말한 다음 다른 작업을 수행하기 위해 돌아섰다.

엄마는 로봇케이1에게 고맙다고 인사를 한 후 곧바로 로봇케이2를 불렀다.

"무엇을 도와드릴까요?"

"나 콜드브루 커피 한 잔 부탁해."

"네, 회사 내 카페에 주문해서 가져다드릴게요."

"땡큐!"

김 대리님이 엄마에게 다가왔다.

"오 팀장님! 주말 잘 쉬셨나요? 문제가 좀 생겼어요! 아침부터 제품에 대해 불평하는 고객들의 전화가 많이 오고 있습니다. 금요일 배송한 제품에 문제가 있었나 봐요. 휴일 내내 이메일 항의가 많았고, 월요일 아침부터 제품 반송을 요청하는 전화가 많습니다."

"주말에 빨리 문제를 파악하고 대응할 수 있었다면 고객 불만이 조금은 줄어 들었을 텐데……. 주말에 직원을 근무시킬 수도 없는 상황이고."

"팀장님! 우리도 인공 지능 챗봇이나 인공 지능 전화 서비스를 도입하는 것이 좋겠어요."

"인공 지능 챗봇?"

"인공 지능이 대기 없이 365일 24시간, 언제든지 빠른 시간 내에 대응하면서 고객들의 불만을 접수할 수 있고, 일부 문의에 대해서는 바로 해결할 수도 있어요."

"흠, 그러고 보니 몇 주 전 쇼핑몰에 도입한 인공 지능 시스템은 어때?"

"효과가 있어요. 지난달보다 매출이 12퍼센트 늘어났습니다!"

엄마의 회사에서는 의류를 제작, 배송해 주는 인공 지능 로봇 외에도 쇼핑몰에 인공 지능 시스템을 시범적으로 적용하였다. 사람들이 스마트폰이나 컴퓨터로 인터넷 사이트에 로그인해서 로그아웃할 때까지 행동한 모든 기록들을 행동 로그라고 한다. 엄마 회사 쇼핑몰의 행동 로그에는 사용자가 상품을 검색하고, 클릭하고, 들여다보고, 장바구니에 넣는 등의 행동 정보가 담겨 있었다. 인공 지능은 그 행동 로그를 분석해서 고객이 좋아할 만한 새로운 상품이나 액세서리를 추천하고, 구매 성향이 비슷한 다른 고객이 구매한 상품도 같이 보여 주었다. 그리고 각 사용자가 일상적인 행동 로그에서 벗어나 의심스러운 움직임을 보일 때, 해킹 범죄에 노출되었을 수도 있다는 경고도 해 주었다.

"요즘 대다수 온라인 쇼핑몰에서 인공 지능을 이용한 추천 시스템을 적용하던데 이렇게나 큰 도움이 될 줄이야! 하지만 고객을 대하는 부분에서는 사람이 인공 지능보다 친절하고 정확하지 않을까?"

"물론 사람이 직접 고객에게 설명하는 게 좋겠지만 야간이나 휴일 등 근무 시간 이후에도 일할 수 있다는 강점이 있어요. 제품에 대해 악의적으로 불만을 토로하거나 무조건 반품을 요구하는 사람 등 상담원을 괴롭히는 사람들을 대신 맡아 줄 수도 있고요."

김 대리님은 안내 로봇과 인공 지능 챗봇 자료를 보여 주면서 말을 이어 갔다.

"회사 입구에 안내용 인공 지능 로봇을 도입했더니 나이, 성별, 방문 목적 등에 따라 맞춤형으로 안내도 해 줄 수 있고, 방문한 고객이 원하는 목적지까지 함께 이동해 주는 서비스도 제공하고 있어서 방문객들의 만족도가 높았다고 합니다. 인공 지능 특성상 처음에는 기대보다 부족할 수 있지만 상담원과 고객의 대화 기록을 학습시키고, 고객들이 특히 자주 묻거나 항의하는 내용 등을 파악하면서 점차 최적의 답변을 하게 될 거예요."

김 대리님의 설명을 들은 엄마는 미용실이나 낚시 대회를 예약해 주었던 로봇 '인지'를 떠올리며 인공 지능 상담원 도입이 회사에 도움을 줄 수 있겠다는 확신을 얻었다.

그 시간 생활용품 공장을 운영하는 아빠는 회사에서 일하는 사람들이 갑작스럽게 회사를 나가는 문제로 고민하고 있었다. 아빠는 사장으로서 직원들이 좋아할 만한 혜택을 여러 가지 늘렸지만 소용이 없었다.

'직원들의 마음을 더 헤아려 주고 일하면서 힘든 부분은 조금이라도 덜어 주고 싶은데 어떤 방법이 없을까?'

아빠는 갑자기 인지가 떠올랐다. 그리고 우리 학교에 인공 지능을 도입했다는 이야기도 생각해 냈다. 학교 인공 지능 아미쿠스는 선생님을 도와 학생들 각각의 공부를 도와주고 있었다. 또한 학습 이외에 학생들의 학교생활을 주의 깊게 살피며 문제가 발생하기 전에 선생님에게 알려 주기도 했다. 학기 중간에 전학을 와서 친구가 없었던 덕구는 늘 말이 없는 데다가 반응도 느려서 놀림을 당하기 일쑤였다. 친구들은 길에서 덕구와 마주쳐도 피하거나 모른 척했다. 일부 친구들은 덕구와 짝이 되거나 조별 수업에서 같은 조가 되면 선

생님 몰래 덕구에게 화를 내기도 했다. 인공 지능 아미쿠스는 덕구의 표정을 관찰해서 선생님께 현재 덕구의 학교생활에 문제가 있으며 학습 진도에도 영향을 주고 있다고 이야기했다. 선생님은 인공 지능 아미쿠스와 논의하면서 덕구가 가진 장점을 친구들에게 보여 주기 시작했고, 교내 상담 선생님, 덕구의 부모님과 연락하며 덕구는 물론 반 친구들이 함께 어울릴 수 있도록 돕기 시작했다.

'맞아! 지수가 말해 준 덕구 이야기처럼 직원들이 회사를 떠나기 전에 어떤 문제가 있는지 세세하게 알려 준다면 소중한 인재들을 놓치지 않을 텐데.'

아빠는 전문가들의 자문을 받아 인공 지능 프로그램과 지능형 제조 로봇을 도입하기로 결정했다. 몇 달간 인공 지능 프로그램은 회사 사무실에서 단순히 반복되던 업무와 비효율적으로 진행되던 업무를 줄여 주기 시작했다. 또한 일자리 관련 웹사이트와 연동해 회사에 맞는 직원을 찾아 주기도 했다. 그리고 인공 지능은 회사 직원들이 성장할 수 있도록 직원들의 업무를 분석해서 적절한 교육 내용을 추천해 주기도 했고 직원들이 힘들어하거나 회사를 나갈 수 있는 위험성을 파악해 주기도 했다. 인공 지능으로 인해 직원들이 회사를 나가는 비율이 낮아지는지는 기다려 봐야 알 수 있겠지만 가장 큰 변화는 함께 도입한 지능형 제조 로봇으로 인해 나타나기 시작했다.

"사장님! 공장에서 지난 3개월 간 직원들의 안전사고가 없어졌고 기계들의 오작동이 확실히 줄어들었습니다. 그리고 불량 제품이 나오는 경우도 크게 줄어들었습니다."

송 부장님은 아침부터 상기되어 아빠에게 로봇이 보여 준 성과에 대해 이야기했다.

공장의 위험하거나 힘든 일에 지능형 제조 로봇이 투입되면서 다치는 직원이 더 이상 생기지 않았고 힘든 일들이 줄어들면서 직장 분위기도 한층 좋아졌다. 색칠 작업이나 플라스틱 제조 등 위험한 화학 물질이 사용되는 과정에 로봇이 투입되었고 무거운 물품을 쌓거나 내리는 작업도 로봇을 활용하기 시작했다. 지능형 제조 로봇 특성상 사람이 가까이 오면 움직임을 감지하여 작동을 멈추거나 위험하다는 신호를 보냈다. 또한 로봇에 부착된 카메라 및 센서를 통해 제조되는 용품들 중 불량품을 찾아내기도 했다.

아빠는 갈수록 다른 생활용품 제조 기업과의 경쟁이 치열해져서

고민이 많았다. 특히 아빠 회사 제품보다 저렴한 다른 나라 제품들이 우리나라에 수입되기 시작하면서 제품 판매량이 줄어들기 시작했다. 아빠는 판매량을 늘리기 위해 해외 제품과 다른 새로운 제품을 만들어 보았지만 기계들이 오작동하는 경우가 많아 자꾸 불량품이 나왔다.

"사장님! 그런데 긍정적인 부분은 로봇이 계속 성장하고 있다는 점입니다."

"좀 더 자세하게 설명해 봐."

"지능형 로봇이 공장에서 산출되는 수많은 데이터들을 학습하고 있습니다. 예를 들어 반복적인 작업을 할 때 계속 똑같이 작업하는

것이 아니라, 더 빠르고 더 안전한 방법을 찾아 실행합니다. 함께 작업하는 직원들이나 기계들과 협동하면서 더 나은 생산을 하기 위해 최적의 방법을 찾기 시작했다는 말입니다. 그리고 로봇 스스로 고장 원인 등을 분석하고 부품을 예측해서 알려 주기 때문에 곧 이번 신제품도 차질 없이 제조할 수 있을 것 같습니다."

"허허, 똑똑한 로봇일세."

아빠는 로봇 덕분에 공장과 작업 환경이 좋아져서 다행이라고 생각했다. 그리고 앞으로 로봇과 인공 지능이 사람을 대체하는 것이 아니라 사람들이 보다 안전하게 일할 수 있는 환경을 만들어 줄 것이라고 확신했다. 그리고 무거운 물건을 드는 직원들을 도와주기 위해 근력을 증가시켜 주는 착용형 로봇도 도입하기로 결정했다.

## 더 알아보기 — 놀이 공원에서 숨겨진 로봇 찾기

　놀이 공원에 가면 많은 로봇들이 쉴 새 없이 일하고 있지만 그것을 알아채는 사람들은 많지 않다.

　놀이 공원에는 레일 위를 급격히 내려가거나 올라가고 급커브를 하는 놀이 기구인 롤러코스터, 수직으로 낙하하며 스릴을 주는 자이로드롭 등이 있고, 배 또는 차, 열차 등을 타고 꾸며진 실내 속을 누비는 다크라이드도 있다.

　많은 놀이 공원에서 다크라이드를 구축하고 있으며 다크라이드에는 각 구간마다 특정한 테마나 쇼를 보여 주기 위해서 애니메트로닉스(Animatronics)라는 로봇을 곳곳에 배치하고 있다. 애니메트로닉스는 애니메이션(animation)과 일렉트로닉스(electronics)의 합성어로 촬영 또는 관람을 위해 로봇을 만들어 움직이게 하는 기술을 의미한다.

　예를 들어 국내의 경우 롯데월드 어드벤처의 '신밧드의 모험'을 타 보면 중간중간에 움직이는 사람 또는 동물, 괴물의 형상을 한 로봇들이 365일 쉬지 않고 스토리에 맞춰 자연스럽게 움직이고 있다.

애니메트로닉스는 컴퓨터 그래픽 기술이 발달하기 이전에는 영화에서 많이 활용되었다. 놀이 공원의 로봇은 가까이에서 보면 살아 있는 질감과 정교한 움직임이 눈에 띈다. 놀이 공원용 로봇은 거의 365일 일을 하며 고장이 적게 나야 하기 때문에 일반 모터를 사용하지 않고 공기 압축기를 이용해서 공기압으로 로봇을 움직이는 것이 특징이다. 놀이 공원에서 다크라이드를 타고 지나갈 때 잘 들어 보면 공기가 빠지는 소리가 들리는데 이것이 바로 공기 압축기에서 나는 소리이다.

애니메트로닉스를 가장 잘 활용하는 놀이 공원은 디즈니랜드와 유니버설 스튜디오, 레고랜드이며 로봇 기술을 활용하여 애니매트로닉스 이외에 로봇 팔을 이용한 놀이 기구도 구축하고 있다.

레고랜드는 거대한 로봇 팔이 자유자재로 움직이며 탑승객들을 흔드는 놀이 기구를 만들었으며, 유니버설 스튜디오의 해리 포터 어트랙션은 로봇이 탑승객의 의자를 잡고 레일을 타고 다니며 탑승객을 마법 지팡이를 탄 해리 포터처럼 공중을 날아가게 한다.

디즈니랜드는 로봇을 개발하는 부서인 이매지니어링을 만들어 영화 <가디언즈 오브 더 갤럭시>의 그루트 로봇, 사람을 찾아다니는 움직이는 자율주행 쓰레기통 로봇, 스턴트맨 로봇 등등 다양한 로봇을 만들어 공개하고 있다.

그리고 미국 올랜도에서 매년 개최되는 세계 최대 테마파크 전시회인 아이아파(IAAPA) 엑스포에서는 안드로이드, 휴머노이드, 공룡 로봇, 동물 로봇, 좀비 로봇, 로봇 시뮬레이터 등 다양한 로봇을 전시 및 판매하고 있다.

# 3장

인지야, 도와줘!

## 1. 한밤의 침입 소동

"어머! 이걸 어떻게 해! 반지랑 귀걸이가 없어졌어!"

엄마가 소리쳤다. 안방의 모든 서랍이 열려 있었고, 집 안이 온통 난장판이었다.

"도둑 들었나 봐!"

우리 가족은 주말에 강원도 여행을 떠났었다. 집에 거의 도착했을 때 나는 '강원도의 청량함과 푸른 바다도 좋지만 역시 집이 최고야.'를 연신 내뱉으며 현관문을 열었었다. 아빠 차에서 불편한 잠을 자면서 비몽사몽했던 나는 오늘 같은 날은 씻지 않고 자게 해 달라고 엄마한테 매달렸었다. 하지만 엄마의 비명에 잠이 달아났다. 급히 내 방 문을 열어 보니 내 방 서랍도, 옷장도 전부 활짝 열려 있었다.

"엄마! 너무 무서워!"

"여보! 우리 신고부터 해야 하는 거 아니야? 내가 경찰에 신고할게."

나는 엄마를 꼭 끌어안았다. 누군가 몰래 우리 집에 들어와 모든 방을 자기 집처럼 돌아다니고 내 방 서랍까지 열어 봤다는 사실에 너무 무서운 기분이 들었다. 아빠는 혹시 몰라 방 안 곳곳을 살펴보았다.

"경찰에 신고는 했어! 경찰에서는 도둑이 가져간 물품만 파악하고 현장에 있는 것을 아무것도 건드리지 말고 보존해 달래. 지수는 괜찮니?"

아빠는 어른답게 차분히 대응하는 것 같았지만 목소리가 조금 떨렸다.

아빠와 엄마가 둘러보니 엄마가 가진 액세서리 몇 가지와 아빠의 시계, 노트북 등이 없어진 것으로 확인되었다.

나는 무서워서 방에 들어갈 수 없었다. 멍하게 있다가 대화를 나눌 상대가 필요해서 인지를 찾았다. 인지는 여행 중 배터리가 방전되어서 당장 대화를 나눌 수 없었다. 전원을 연결하고 충전이 시작되자 인지는 살아났다.

"휴! 방전된 동안 너무 심심했어. 다음부터는 보조 배터리를 가지고 다녀 줘. 우리는 여행 갔다가 집으로 돌아온 거니?"

"인지야! 그동안 많은 일이 있었어!"

"그새? 우선 우리가 집에 도착했고, 또?"

"집에 도둑이 들었다고!"

"도둑? 바로 경찰서에 신고할까?"

"이미 신고는 했어!"

"아, 그렇구나! 아직 범인은 찾지 못했고? 잃어버린 물건은 뭐야?"

인지와 이야기하는 동안 경찰들이 집에 도착했다. 경찰들은 아빠와 엄마의 이야기를 들은 후에 도둑의 흔적을 찾기 위해서 여기저기를 살펴보았다. 그리고 혹시 없어진 물건들을 착용하거나 사용할 때 찍은 사진이 있는지 물어보았다. 도난당한 물건의 정보를 중고 거래 플랫폼에 제공하면 범인이 그 물건을 팔려고 할 때 경찰에 알려 줄 수 있기 때문이라고 했다.

엄마와 아빠는 물건의 사진을 찍은 적이 없어 당황해했다. 그때 인지가 눈을 반짝이더니 우리가 이전에 촬영한 많은 사진을 분석한 후 엄마가 액세서리를 착용한 사진과 아빠가 노트북으로 일하는 모습을 찍은 사진을 찾아 주었다.

"오, 맞아. 이 사진으로 쓰면 되겠구나."

"혹시 이 사진도 필요하신가요?"

인지는 도둑이 집 안에 들어오기 전에 촬영한 사진도 보여 주면서 틀린 그림을 찾아내듯 이전과 달라진 점을 빨간색 원으로 체크했다. 그리고 도둑이 집 안에서 어떻게 움직였는지 예측하는 시뮬레이션 영상도 만들어 주었다. 또한, 아파트 CCTV 시스템에 접속하여 범행이 추정되는 시간대에 촬영된 사람들 중에서 의심되는 용의자 세 명을 골라냈다.

"와우, 넌 로봇 경찰이구나! 범인을 잡는 데 도움이 많이 될 것 같아. 방금 보여 준 사진을 이메일로 보내 줄 수 있니?"

"칭찬해 주시니 감사합니다. 지금까지 보여 드린 것은 아파트 CCTV 영상 시스템에서 찾은 사진입니다. 만약 경찰청에서 관리하고 있는 CCTV 시스템에 접속을 허락해 주신다면 용의자 세 명의 당일 동선이나 범죄 여부 등도 조사할 수 있고, 현재 어디에 있는지도 찾아낼 수 있을지도 몰라요!"

인지는 자신감 있는 모습으로 세 명을 분석한 자료를 제시하였다. 그들의 나이, 성별, 신장 등을 추정해서 보여 주고, 외모 특징도 정리해 주었다.

경찰은 인지의 활약에 감탄하면서 최근 국민의 안전을 위해 인공 지능을 많이 활용하고 있다고 설명했다. 특히 인공 지능과 방범 CCTV 카메라를 융합한 지능형 CCTV의 도입이 많은 도움이 되고 있다고 했다. 수백 개의 CCTV 영상을 경찰들이 쳐다보며 감시하지 않아도, CCTV에 녹화된 사람들 중에서 이상한 행동을 하는 사람들을 인공 지능이 실시간으로 찾아내서 알려 준다고 한다.

"듣고 보니 CCTV가 살아 있는 거 같아요! 우리 집도 설치해요, 아빠!"

나는 지능형 CCTV가 우리를 좀 더 안전하게 지켜 준다는 생각이 들었다.

"지능형 CCTV는 용의자가 입었던 옷의 색깔을 찾아 줄 수도 있고, 한쪽 다리를 절뚝거리면서 걷는다든지 하는 특정 행동을 검색할 수도 있지. 사람이 들어갈 수 없는 장소에 사람이 들어왔다거나 불을 지르려고 하는 경우에도 신속하게 알려 준단다!"

"그러고 보니 최근에는 산불을 감시하는 곳에서도 지능형 CCTV를 설치해서 화재 장소 및 화재 용의자를 빨리 발견할 수 있다고 들었어요."

"네, 맞아요. 그리고 인공 지능은 범죄나 사고가 자주 발생하는 장소와 시간을 분석해서 범죄가 일어날 확률이 높은 곳을 찾아 줄 수도 있어요. 또한 머신러닝(Machine Learning)을 통해 베테랑 수사관들의 노하우를 학습해 인터넷 상에 불법이 의심되는 글자나 이미지도 찾아 주는 등 도움을 주고 있어요. 머신러닝은 인공 지능을 구현하는 방법의 하나로 빅데이터를 스스로 분석하고, 그 내용을 바탕으로 결론에 이르는 기술을 말해요."

"이제 인공 지능 경찰관, 인공 지능 수사관 시대네요!"

## 2. 할머니를 살린 인지

할머니가 병원 치료 때문에 한 달간 우리 집에 머물기로 했다. 고목나무 같은 손으로 연신 내 머리를 쓰다듬던 할머니는 평소와 달리 마른기침도 하고 안색도 좋아 보이지 않았다. 나는 학교에 가면서도 할머니가 걱정이 되었다.

할머니에 대한 우리의 걱정을 눈치챈 인지는 할머니를 관찰하기 시작했다. 며칠이 지나자 인지는 할머니가 평소 몇 시에 일어나고 몇 시에 잠을 자는지, 일어나서 어떤 활동을 하는지 완벽히 파악했다. 그리고 할머니가 적적할까 봐 말동무도 되어 주었다. 할머니는 '그놈 참 귀찮게 한다.'라고 말하면서도 싫은 내색은 하지 않았다. 할머니는 인지와의 대화 이외에도 인지가 어릴 적 나의 사진을 보여 주는 것을 가장 좋아했다.

"지수가 많이 컸네, 많이 컸어."

할머니는 같은 말을 반복하면서 사진 속 내 얼굴을 쓰다듬었다.

인지는 할머니가 병원에 가야 할 때마다 병원 예약 시간을 확인하여 아빠와 함께 갈 수 있도록 알려 주거나 집 앞에 택시를 대기시

컸다. 그리고 인지는 할머니가 제때 약을 먹을 수 있도록 약을 먹을 시간이 되면 할머니에게 달려가 알려 주었다.

그런데 일주일이 지났을 때 문제가 발생했다. 인지는 할머니가 늘 일어나는 시간인 7시에 못 일어나고 있다는 사실을 발견했다. 인지는 할머니가 평소처럼 같은 시간에 일어나지도 않고 식사도 하지 않았다는 것을 확인했다.

"할머니, 괜찮으세요?"

"응…… 괜찮아. 괜찮으니까 너는 네 할 일을 하렴!"

"할머니를 돌보는 게 제 일이에요."

30분마다 할머니를 체크하던 인지는 열화상 카메라를 통해 할머니의 체온이 이전과 달라졌음을 발견했다.

"할머니! 괜찮으세요?"

"……."

계속 할머니를 부르던 인지는 가족들에게 할머니가 이상하다는 문자를 보냈다. 아빠와 엄마는 문자를 받고 할머니에게 전화를 걸었지만 할머니는 받지 않았다. 인지는 할머니가 전화를 받을 수 없는 상황이라는 문자를 발송하면서 얼굴 모니터에 붙어 있는 화상 카메라로 아빠와 화상 통화를 연결하였다. 아빠는 원격으로 인지를 통해 누워 있는 할머니를 지켜보면서 말을 걸었다. 할머니가 미동도 하지 않자 인지는 119나 근처 응급 센터로 신고할 것을 추천했다.

119 구급대가 집에 도착했다. 인지는 119에 신고하면서 구급 대원에게 할머니의 상태와 최근 병원 치료 내역을 알려 주었다. 구급 대원은 인지가 준 자료를 받아 도착할 병원에 전달했다. 119 구급대는 이동식 로봇 침대에 할머니를 눕혔고, 이동식 로봇 침대는 할머니의 기초적인 상태를 체크하면서 자동으로 이동하기 시작했다. 의사 선생님은 119 구급대와 이동식 로봇 침대에서 받은 정보를 확인하고 주사기로 할머니 몸속에 나노 로봇을 집어넣었다. 머리카락 굵기의 10만 분의 1 크기인 초미세 나노 로봇은 고속으로 흐르는 할머니의 혈류를 타고 혈관 속에서 이동하기 시작했다. 나노 로봇은 실시간 이미징을 통해 혈관 내부 영상을 보여 주면서 막힌 혈관을 청소하거나 바이러스가 모인 곳에 약물을 전달하는 역할을 했다.

"이상 감지."

나노 로봇은 이동 속도를 늦추면서 신호를 보내왔다.

"여기가 좀 막혀 있네."

의사 선생님은 나노 로봇을 수동 모드로 전환하고 원격으로 조정하여 이상 부위를 관찰하면서 약물을 투입했다.

"미션 완료, 분해 시작."

나노 로봇은 아픈 부위만을 정확하게 겨냥해서 치료를 할 수 있고 체내에서 녹는 생분해성 물질로 구성되어 있다. 따라서 수술용 칼을 이용하는 절개 수술 없이 나노 로봇이 투입된 주사기만으로 간편하게 수술이나 치료가 가능하다. 효과적으로 치료를 수행한 나노 로봇은 할머니의 체내에서 분해되기 시작했다.

"큰일 날 뻔했어요. 평소 심장에 이상이 있으셨는데 빨리 발견해서 우선 위기는 넘겼습니다."

의사 선생님은 최대한 빨리 병원으로 온 우리 가족에게 차트를 보여 주며 설명했다. 디지털 차트에는 인공 지능 영상 분석 시스템이 분석한 할머니의 심장이 3D 영상으로 띄워져 있었는데, 문제가 발생한 부분이 다른 색으로 표시되어 있었다. 화면 속 심장은 마치 살아 있는 것처럼 움직였다.

"심장 박동이 같은 연령대의 노인분들에 비해 약하신 편입니다. 나노 로봇을 통해서 문제가 있는 혈관을 찾아냈고, 현재 치료를 한

상황입니다. 빨리 발견하지 못했다면…… 아무튼 정말 다행입니다."

가족들은 안도의 한숨을 쉬었다.

"감사합니다! 감사합니다!"

엄마는 급기야 눈물을 흘렸다.

"할머니, 정말 괜찮은 거예요?"

나도 눈물이 났다. 그래서 인지에게 감사 표시를 하고 싶다는 생각이 들었다.

집에 돌아오면서 인지에게 무언가 선물하고 싶다고 엄마, 아빠에게 이야기를 했다. 그런데 엄마와 아빠는 인공 지능에게는 감정이 없어서 선물을 받아도 진심으로 좋아할 수 없다고 했다. 인간이 가르쳐 준 대로 좋아하는 척을 할 뿐이라고 말이다. 하지만 나는 좋아하는 척하는 인지의 모습이라도 보고 싶었다. 우리 할머니를 살려 준 고마운 친구니까.

## 3. 인공 지능을 해킹하다

학교에서 우리 반 뒤쪽에 친구들이 모여 있었다. 가까이 가 보니 호재가 태블릿을 들고 있었고 태블릿에는 알 수 없는 프로그래밍 언어가 보였다.

"뭐 하는 거야?"

호재 주위에 몰려 있던 친구들 중에서 승민이가 자랑하듯 설명했다.

"지수야, 대박이야! 호재네 형이 아미쿠스를 해킹할 수 있는 프로그램을 만들었대!"

"뭐? 정말?"

"너희들 뭐 하는 거니?"

갑자기 선생님이 들어왔고, 모여 있던 친구들은 뿔뿔이 흩어지며 자리에 앉았다. 선생님은 웃으며 말했다.

"뭔가 재미있는 것이 있다면 선생님한테도 알려 주렴! 오늘은 코딩에 대해 배울 시간이에요! 모두 태블릿 전원을 켜도록 해요!"

나는 대각선으로 앉아 있는 호재의 뒷모습을 바라보았다. 호재의 태블릿 화면에는 다른 친구들의 태블릿 화면과 다른 이미지가 보였다. 호재는 어깨를 들썩이며 히죽히죽 웃고 있었다. 그리고 그 날부터 호재는 선생님이 하는 모든 질문에 귀신같이 정답을 맞추기 시작했다.

"호재야! 우리 호재가 많이 달라졌구나!"

선생님의 칭찬에 호재의 어깨가 들썩거렸다.

신기하게도 선생님이 질문을 할 때마다 호재의 태블릿에는 정답이 작게 나타났고, 어떤 날은 선생님이 어떤 질문을 할 것인지 나타나기도 했다. 호재는 해킹 프로그램을 통해 선생님이 미리 준비해 놓은 수업 자료를 볼 수 있는 것 같았다. 그래서 호재는 친한 친구들에게 선생님이 어떤 질문을 할 것인지 알려 주기도 했다.

그날 이후 호재는 해킹된 아미쿠스에게 학교 내 CCTV를 통해 선생님이 근처에 오는지 알아내라고 명령하거나 친구들에 대한 개인 정보를 알아내라고 지시했다.

호재는 해킹 프로그램을 통해 아미쿠스에게 해서는 안 되는 지시를 하면서 아미쿠스를 병들게 한 악성 코드를 더욱 성장시켰다. 악성 코드는 아미쿠스의 지시 없이 딥러닝을 통해 다양한 해킹 프로그램을 비교하고 학습하면서 스스로 성장했다. 급기야는 승인받지 못한 학교의 내부 시스템에도 접근하기 시작했다. 해킹된 아미쿠스와 성장한 악성 코드로 인해 친구들의 소중한 개인 정보와 기록들이 밖으로 새어 나오기 시작했다.

학교 내부 시스템에 접속한 아미쿠스를 통해 미리 시험 문제의 정답을 알아낸 호재는 당연히 좋은 성적을 받았다. 그리고 각종 온라인 대회에서 상을 휩쓸기도 하면서 말썽만 부리던 친구에서 많은 사람의 선망을 받는 친구가 되었다. 하지만 호재를 극도로 싫어하는 친구들도 생겨났다.

호재는 자신의 몇몇 친구들에게 다른 아이들이 쓴 일기 내용을 마치 비밀 정보처럼 시시콜콜 알려 주며 소문을 퍼뜨리기도 했다.

"이준이 말야. 그저께 동생이랑 인형 때문에 싸웠대. 어떻게 게임기도 아니고 인형을 가지고 싸우냐? 아직도 어린아이라니까. 하하하!"

나는 호재를 보며 걱정이 되기도 하고 더욱 호재가 싫어지기도 했다. 나는 호재가 혼자 있을 때 다가가 물었다.

"호재야, 너 친구들 정보를 몰래 알아낸다면서? 해킹해서 알아낸

거 아니야? 어떻게 알아낸 거야?"

"나만의 방법이 있지. 그런데 지수야? 너도 나한테 까불면 다른 친구들한테 네 비밀 퍼뜨릴 거야!"

호재는 웃으면서 내 어깨를 툭 부딪히며 지나가면서 한마디 덧붙였다.

"지수야! 그런데 너, 그림 잘 그렸더라! 네 그림 좀 따라 했더니 온라인 어린이 그림 그리기 대회에서 상도 탔지롱. 너한테 고맙다고 해야 하나? 흐흐흐."

"뭐! 너 방금 뭐라고 했어?"

나는 너무 어이가 없어서 호재를 째려보았다.

'아무래도 안 되겠어. 선생님께 말씀드려야 해!'

나는 수업이 끝난 후 선생님에게 달려갔지만 막상 선생님 앞에 서니 입이 떨어지지 않았다.

"응, 지수야! 왜 찾아왔니?"

선생님은 천천히 이야기해도 괜찮다고 하면서 부드러운 눈빛으로 나를 쳐다보았다. 바로 그때 교감 선생님이 담임 선생님을 부르더니 말했다.

"학교에서 해킹을 방어하는 인공 지능 프로그램 에이아이가드가 선생님 반에서 개인 정보가 유출되고 다수의 악성 코드가 발견되고 있다고 경고했어요!"

"네? 개인 정보 유출이요? 설마 그럴 리가요?"

"얼마 전 설치한 인공 지능 보안 프로그램에서 경고가 계속 뜨길래 확인해 봤더니 학교 시험 문제도 노출된 것으로 확인되었어요. 정말 심각한 상황입니다. 아이들에게도 백신을 깔고 주의하라고 말씀해 주시는 게 좋겠습니다. 그리고 선생님의 관리자 프로그램에도 바이러스 체크 좀 해 보세요!"

선생님은 너무나 심각한 상황에 충격을 받아 내가 옆에 있다는 사실도 잊은 듯했다.

"네, 알겠습니다. 제 관리자 프로그램과 교실 내 모든 학생들의 태블릿에 바이러스가 있는지 확인해 볼게요."

나는 호재가 이 모든 문제의 원인이라는 생각이 들어 선생님들의 대화를 들으며 손이 부르르 떨렸다.

"선생님……!"

"지수야! 선생님이 좀 바쁜 상황이라서 나중에 이야기하자!"

선생님은 자리를 떠났고 나는 아무 말도 하지 못한 채 교실로 돌아왔다.

다음 날 수업 시작 전 선생님은 우리에게 이야기했다.

"우리 친구들! 우리가 쓰고 있는 인공 지능 시스템에 문제가 생긴 거 같아요. 지금 확인 중인데 선생님 생각에는 여러분이 집에서 제출한 파일에 악성 코드 같은 바이러스가 있었을 수도 있어요. 우선 집에 가기 전에 책상 앞에 있는 태블릿 창 우측 아래에 실시간 백신이 돌아가고 있는지 각자 확인해 주세요. 학교 전체 백신 프로그램 및 인공 지능 관리 프로그램을 경보 단계로 올렸어요. 선생님들이 학교에서 사용되는 모든 태블릿의 바이러스 감염 여부를 확인하고는 있지만, 우리 친구들도 각자 자신의 태블릿, 집 컴퓨터에서도 백신 프로그램이 돌아가고 있는지 확인해 줘요!"

"네!"

수업이 끝나고 몇몇 친구들은 호재에게 몰려갔다.

"호재야, 네가 해킹한 것 들통나는 거 아냐?"

"걱정 마! 인공 지능 프로그램 아미쿠스를 자폭시키면 돼!"

"뭐!"

"아미쿠스를 사라지게 한다고! 형이 문제가 생길 경우 모든 것을 사라지게 하는 프로그램을 코딩해 줬어! 우리 형은 천재라니까!"

다음 날 호재가 예언한 대로 우리는 아미쿠스를 볼 수 없었다. 선생님은 늘 수업을 보조해 주던 아미쿠스가 갑자기 사라져서 당황한 것 같았다. 하지만 며칠이 지난 후 인공 지능 없이 수업을 하던 과거처럼 다시 자연스럽게 수업을 진행했다. 선생님은 아미쿠스가 빠른 시일 내에 복구될 것이라고 했지만 실제로는 한 달이나 걸렸다. 한 달 동안 나와 친구들은 무척 심심해졌다. 인공 지능 아미쿠스가 선생님을 도와 각자 수준에 맞춰 진행하던 수업도 할 수 없었다.

나는 아미쿠스와 함께 떠났던 맞춤형 세계 여행이나 맞춤형 사회 수업을 할 수 없다는 점이 아쉬웠다. 그리고 호재는 아미쿠스가 사라지면서 다시 학교 수업에 집중하지 못하고 선생님의 질문에 엉뚱하게 대답하는 과거의 호재로 돌아왔다. 그리고 아미쿠스 해킹의 범인이 호재의 태블릿이라는 소문이 떠돌기 시작하고 경찰청 사이버 수사대가 학교에 와서 수사를 시작하자 호재는 학교를 나오지 않았다.

그러던 어느 날. 선생님이 교탁에 서서 심각한 얼굴로 말했다.

"선생님이 할 말이 있어요. 이번 학교 시스템 해킹 문제가 우리 반에서 발생한 일이라는 것은 알고 있죠? 그리고 호재에 대해서도 알고 있는 친구들이 있을 거예요. 호재도 여러분도 이게 큰 문제가 아니라고 생각할 수도 있지만 정말 큰 잘못이고, 그대로 넘어갈 수는 없어요. 곧 징계가 내려질 거예요."

선생님은 해킹 문제에 대해 논의하러 호재의 부모님이 학교에 왔고, 호재로 인해 발생한 인공 지능 프로그램 복구 비용을 부모님께서 부담하시기로 했다고 설명했다. 물론 해킹을 통해 얻은 호재의 성적 점수도 모두 0점 처리하기로 했고 전학 처분이 내려졌다고 했다. 선생님은 진지한 얼굴로 설명을 이어 갔다.

"추가적으로 해킹에 대해 조금만 더 이야기 나누고 싶어요. 해킹이 무엇일까요?"

호재한테 일기가 노출되었던 이준이가 씩씩거리며 손을 들고 말했다.

"컴퓨터에 있던 일기를 몰래 보는 거요!"

"맞아요. 해킹은 허락 없이 컴퓨터나 스마트폰, 데이터 저장 장치 등에 침입하여 일기 같은 데이터를 훔치거나 망가뜨리는 일을 말해요. 전문적으로 해킹하는 사람을 해커라고도 해요. 호재의 형이 만든 해킹 프로그램을 통해 학교의 인공 지능 시스템이 망가졌어요. 해킹으로 인해 친구들의 일기나 학교 시험 정보 등 소중한 정보가 노출되는 큰 사고로 이어졌어요."

선생님은 이준이의 머리를 쓰다듬으면서 계속 이야기했다.

"해킹으로 인해 또 어떤 문제가 생길 수 있을까요?"

친구들은 여기저기서 손을 들고 답을 말했다.

"스마트폰을 망가뜨릴 수 있어요."

"컴퓨터에 있는 카메라를 해킹해서 몰래 동영상을 촬영할 수도 있대요."

"전화번호나 이름, 주소 등을 몰래 알아낼 수도 있어요."

"선생님인 척 거짓말하면서 내일 학교 쉰다고 집에서 놀라고 이야기할 수도 있어요."

"와! 하하하."

"자! 조용! 해커가 우리 친구들에게 거짓 정보를 줄 수도 있겠죠. 아무튼 다들 잘 알고 있는 것 같아요. 더 나아가 해킹은 여러분이 용돈을 아껴서 저축한 돈을 은행에서 훔쳐 갈 수도 있어요."

"정말요? 나 게임기 사려고 용돈 모았는데, 그건 좀 너무하네요."

"만약 아미쿠스를 해킹하듯 자동차가 다니는 교통 신호를 해킹하거나 날고 있는 비행기를 해킹한다면 어떻게 될까요? 정말 생각하기도 싫은 큰 사고로 이어질 수도 있어요. 컴퓨터나 스마트폰은 우리를 편리하게 해 주는 도구들이지만 해킹이 될 경우 우리를 해칠 수 있는 무기로 돌변할 수도 있어요. 사용하는 모두를 위해 안전을 꼭 생각해야 해요! 특히 인공 지능은 바르게 쓰는 것도 중요하고 보안도 중요해요! 알았죠, 여러분?"

"네!"

우리는 인공 지능이 우리 편일 때는 학습을 잘 도와주는 친구이자 선생님이지만 해킹으로 인해 인공 지능에 문제가 생겼을 경우 많은 사람들에게 크나큰 피해를 줄 수도 있다는 사실을 깨달았다.

4. 아픈 인지

나는 집에서 선생님이 알려 주신 대로 학교 홈페이지에 접속해 PC에 백신 프로그램을 설치했다.

인지가 궁금한 표정으로 내게 다가왔다.

"지수야! 뭐 해?"

"응. 학교에서 아미쿠스가 해킹당했어. 선생님이 집에 있는 PC도 바이러스에 감염되거나 해킹당했을지도 모른대. 그래서 백신 프로그램을 설치하려고!"

"그랬구나. 어쩐지 아미쿠스가 좀 이상하더라고. 그런데 아미쿠스와 접속해 있던 나도 바이러스에 걸렸을까? 나도 홈페이지에 접속해서 백신을 설치해야겠다."

"응! 혹시 모르니까. 너 스스로 설치할 수 있지? 빨리 설치해 봐!"

인지 얼굴인 작은 모니터에 백신 프로그램 다운로드 화면창에 이어서 백신 설치 화면이 보여졌다. 그런데 몇 분 후 갑자기 설치 오류와 함께 멈춤 현상이 발생했다.

"핏……핏……핏."

"인지야! 괜찮니?"

"핏……핏……핏."

인지의 설치 화면이 종료되고 아무런 말도, 어떤 행동도 하지 않으면서 가슴에 있던 버튼만 반짝이기 시작했다.

"응? 무슨 일이지. 인지야? 너 망가진 건 아니지?"

나는 전원 버튼을 눌러 인지를 다시 동작시키려고 해 봤지만 전원이 켜지지는 않고 가슴에 있던 버튼만 깜빡거리기 시작했다.

"인지야, 인지야! 일어나 봐!"

"핏……핏…… 지…수…야."

인지의 얼굴에는 백신 설치 오류라는 메시지가 다시 보이다가 인지의 눈동자가 생겨났다.

"인지야, 괜찮니? 살아났구나! 다행이다!"

"응. 내 운영 체제에서 새로운 백신 설치를 거부하고 있어. 새로운 백신 설치를 막는 악성 코드가 있어!"

"정말? 너 설마 아미쿠스가 걸린 바이러스가 전염된 거야?"

"아직 모르겠어! 새로운 백신을 설치하려는 순간 그동안 잠복해서 잠자고 있던 악성 코드가 활동하기 시작했어. 온라인 서버에 접속해서 과거에 복제해 놓은 운영 체제 데이터로 다시 돌아가려고 했는데, 그것도 차단…당…하…고…… 있…어."

갑자기 인지의 말이 느려지며 얼굴 화면에 뜻을 알 수 없는 글자들이 보였다.

"인지야? 너 괜찮니?"

인지가 갑자기 치이이익 하는 모터 소리를 내더니 빠른 속도로 천장에 부딪힐 듯이 솟구치다가 엄청난 속도로 내 쪽으로 날아왔다.

"꺄아아아아악."

"쾅! 치이이이이!"

인지는 나를 스치듯 지나가 컴퓨터 모니터와 충돌했다. 컴퓨터 모니터 액정은 깨졌고 부딪힌 인지는 바닥으로 떨어졌다. 다행히 나는 다치지 않았지만 너무 당황해서 인지를 바라보다가 울고 말았다.

"어머! 지수야, 무슨 일이니?"

엄마는 방으로 뛰어 들어왔다. 엄마는 내가 다치지 않았는지 확인하고 나를 끌어안아 다독여 주었다.

"엄마! 무서워!! 갑자기 인지가, 인지 몸에서 이상한 소리가 나더니 모니터와 부딪혔어."

"괜찮아, 괜찮아! 네가 안 다쳐서 다행이야. 그런데 인지는 괜찮니?"

"아무래도 인지가 바이러스에 걸린 것 같아."

바닥에 있던 인지의 전원이 갑자기 들어왔고 다시 굉음을 내며 날아오르려고 했지만 날지는 못했다. 인지는 나를 쳐다보며 말했다.

"지수 네가 나를 밀었잖아! 내가 약하다고 해도 너무 심한 것 아니니?"

나는 울음을 멈추고 인지를 바라보았다.

"인지! 너 아무래도 이상해!"

"이상하긴 내가 왜. 네가 더 이상하다. 그리고 보니 아주머니도 이상해요! 히히."

"인지가 이상해졌는데. 고장 난 것 같아. 버려야 하나?"

엄마는 깨어진 모니터 파편을 치우려고 빗자루를 가지고 오셨다. 인지는 엄마 눈치를 보면서 계속 말을 했다.

"제가 잘못했어요! 절 버리지 말아 주세요! 이렇게 말할 줄 알았죠? 아주 심보가 고약한 아주머니일세! 울라말라카이숑 치카치카. 하하하 크크크."

나는 어이가 없어 울음을 그치고 엄마한테 이야기했다.

"엄마! 인지는 버리면 안 돼! 내가 AI 엔터에 전화해 볼게!"

"흐흐흐. 그럴 줄 알았어! 넌 나를 못 버려! 내가 너를 얼마나 많이 도와주고 있는데 크크크."

나는 아랑곳하지 않고 인지를 보내 준 AI 엔터에 전화를 걸었다. AI 엔터에서는 우선 인지의 전원 버튼을 5초 이상 눌러 전원을 차단하라고 말해 줬다. 나는 우선 엄마와 힘을 합쳐 인지를 붙잡고 전원 버튼을 눌렀다. 빠져나가려고 버둥거리던 인지는 5초가 지나자 전원이 차단되어 축 늘어졌.

엄마는 AI 엔터 직원에게 인지 때문에 모니터가 망가지고 바닥도 엉망이 되었다고 이야기했다.

"네? 오작동 원인 파악을 통해 책임 소재를 확인해야 한다고요? 너무 무책임하신 거 아니에요? 아이가 다칠 뻔했어요."

나는 내가 좋아하는 퍼핀의 소속사인 AI 엔터와 싸우는 것도, 선물받은 인지가 망가진 것도 화가 났다.

"엄마! 내가 알아서 할게! 전화 빨리 끊고 나중에 이야기해!"

엄마가 가져간 스마트폰을 억지로 빼앗고 서둘러 전화를 끊었다.

"지수야! 네가 어떻게 알아서 한다고 그러니? 큰 사고로 이어질 뻔했다고!"

엄마를 방 밖으로 밀어낸 뒤 방문을 잠근 나는 망연자실하게 의자에 앉아 있었다. 망가진 인지를 다시 보니 눈가에 눈물이 고였다.

그때 스마트폰 진동 소리가 들렸다. AI 엔터였다.

"안녕하세요. 인지의 주인님이시죠? AI 엔터 심수진 박사입니다. 많이 놀라셨죠?"

"네! 안녕하세요."

"우선 사과부터 드리겠습니다. 인공 지능이 아직은 완벽하지 않아서 오작동이 일어나는 경우가 있습니다. 문제가 발생하기 전에 인지에게 어떤 증상이 있었는지, 그리고 오작동 되면서 어떤 상황이 벌어졌는지 설명해 주시겠어요? 또, 데이터센터에서 암호화되어 있는 인지의 최근 상태를 열람해서 어떤 문제가 있었는지 분석하려고 하는데 동의하시나요? 동의하신다면 인지의 등에다 엄지를 터치하시고 인지를 불러 주세요."

"네. 알았어요."

나는 대답하면서 떨리는 손가락을 인지의 등에 대었고 울먹이며

인지를 불렀다.

"감사합니다. 지문 인식과 목소리 인식을 통해 인지의 최근 데이터 분석이 시작되었습니다."

나는 인지와 모니터가 충돌하기 전 인지가 새로운 백신 프로그램을 설치하려고 했다고 설명하면서 모니터에 충돌했던 상황, 평소에 하지 않았던 공격적인 말을 한 것도 설명했다.

"네! 자세한 설명 감사합니다. 변명을 하려고 말씀드리는 건 아니지만 인지뿐만 아니라 전 세계의 인공 지능이 오작동하는 사례가 발견되고 있습니다."

"인공 지능 오작동이요?"

"네. 인공 지능을 활용한 대표적인 사례가 스스로 움직이는 자율 주행 자동차예요. 자율 주행 자동차 사고 확률은 사람이 운전하는 것보다 극히 미미하지만 인공 지능의 오작동이 큰 사고로 이어지는 경우가 있었어요. 인지가 공격적인 말을 한 것처럼 미국의 인공 지능 챗봇이 욕설을 하거나 인종 차별적인 말을 쏟아 낸 적도 있었고

요. 아무튼 인지도 백신을 스스로 설치하다 사전에 숨겨져 있던 악성 코드가 활동하면서 오작동을 한 것 같아요."

"아…… 그래요?"

"다친 곳은 없나요? 모니터가 망가졌다고 하셨는데, 저희는 인공 지능으로 인해 문제가 생겼을 때 조건적으로 보상을 해 드리는 손해 배상 제도를 운영하고 있습니다. 인지 스스로 발생시킨 문제 또는 소프트웨어나 센서 결함 등일 경우 새로운 모니터로 배상해 드릴 수 있습니다. AI 엔터는 팬서비스로 인공 지능 제품을 보내드리는 상황이기 때문에 인공 지능 피해에 대한 법적인 책임을 명확히 하고 있습니다."

전화기를 든 손이 아직도 떨렸다. 놀란 마음이 가라앉기도 전에 심수진 박사가 생색을 내는 것 같아 화가 나기도 했다.

"당연히 책임을 져야 하는 것 아닌가요?"

"네. 인공 지능이 사고를 일으킨 원인이라면 보상을 하는 것이 당연하죠. 그런데 인공 지능의 기술적인 특성상 원인 파악이 어려워요. 인공 지능 소프트웨어 자체 결함인지, 인공 지능이 아닌 기기에 붙어 있는 센서의 오작동인지, 통신 상태 문제인지, 사용자의 잘못

된 사용으로 인해 발생한 문제인지 등등 명확한 파악이 쉽지는 않아요. 이 때문에 피해를 예방하거나 피해를 보상해 주는 데에는 여러 가지 어려움이 있는 거예요. 현재 미국, 유럽 등에서 인공 지능의 법적인 책임 문제나 안전성에 대한 다양한 논의가 진행 중이에요."

"네…… 그런데 인지는 어떻게 되는 건가요?"

"온라인으로 인지의 운영 체제에 접속해서 인지의 하드웨어, 소프트웨어 이상 유무를 확인해 보고 있어요. 현재로서는 악성 코드를 제거하고 데이터를 복구한 다음, 충돌한 부분만 일부 수리하면 괜찮을 것 같아요."

"감사합니다. 감사해요. 인지는 소중한 제 친구거든요!"

심수진 박사는 인공 지능의 오작동을 사전에 방지하고, 사용하는 동안 안전성을 확보하기 위해 기술 연구를 하고 있다고 추가로 설명했다.

학교에서 인공 지능으로 인해 개인 정보가 유출되는 사고가 발생한 지 얼마 되지 않아 인지의 오작동 문제까지 발생하다니. 안전하게 인공 지능을 쓰는 방법은 무엇인지 더욱 고민하게 되었다.

## 더 알아보기: 사람 같은 로봇 안드로이드, 사람의 형태와 같은 로봇 휴머노이드

전기 자동차 시장을 주도하고 있는 테슬라의 CEO, 일론 머스크는 갑작스럽게 보급형 휴머노이드 로봇 '옵티머스'를 출시하겠다는 계획을 발표하면서 화제를 불러일으켰다. 휴머노이드는 인간 형태를 한 로봇을 의미한다. 이 단어의 유래는 모습이 사람과 같아도 사람이 아닌 종족을 지칭하는 말이었다. 과거 제국주의 시대에 강대국들이 다른 나라를 점령하면서 원주민들을 자국민들과 구분하기 위해 그들을 휴머노이드라고 불렀다고 한다.

우리가 살고 있는 세상은 사람의 신체 구조에 최적화되어 있어서 로봇에게는 무척 살기 어려운 환경이다. 그래서 로봇이 쉽게 돌아다니고 작업을 하려면 모든 작업 환경을 로봇에게 맞춰야 하는 엄청난 작업이 필요하다. 하지만 휴머노이드는 사람과 같은 신체 구조와 높이를 가지기 때문에 환경의 변화 없이 작업을 할 수 있다. 다만 두 발로 서서 걷고 사람처럼 행동하도록 하는 기술을 구현하기가 쉽지 않기 때문에 일부 기업, 선진국을 중심으로 연구 개발을 진행 중이다.

사람의 신체적 구조뿐만 아니라 겉모습까지 똑같이 만든 로봇이 바로 안드로이드이다. 안드로이드는 표정을 통한 감정 교감도 가능한 것이 특징이다. 소프트웨어 기반 가상 인간은 이미 등장했으며 안드로이드 로봇이 개발, 상용화되고 있다. 로봇 이론 중에 '불쾌한 골짜기 현상'이 있다. 사람은 로봇이 점점 더 사람의 모습과 같아질수록 로봇에 대한 호감도가 증가하다가 어느 정도 더 나아가면 갑자기 강한 거부감을 느낀다는 이론이다. 그래서 기계에 가깝던 산업용 로봇이 인간처럼 행동하는 휴머노이드로 진화할 때까지는 사람들의 호감도가 상승하지만, 사람의 모습과 아주 비슷한 안드로이드를 보면 호감도가 반감되며 혐오감으로 이어질 수 있다는 위험성이 있다.

골드만삭스는 앞으로 10년 후 미국 공장 인력의 4퍼센트를 휴머노이드가 대체할 수 있다고 발표했다. 앞으로 사람과 같은 신체적 구조를 가진 휴머노이드, 사람과 똑같이 생긴 안드로이드가 일상생활에서 더욱 많이 등장할 예정이다.

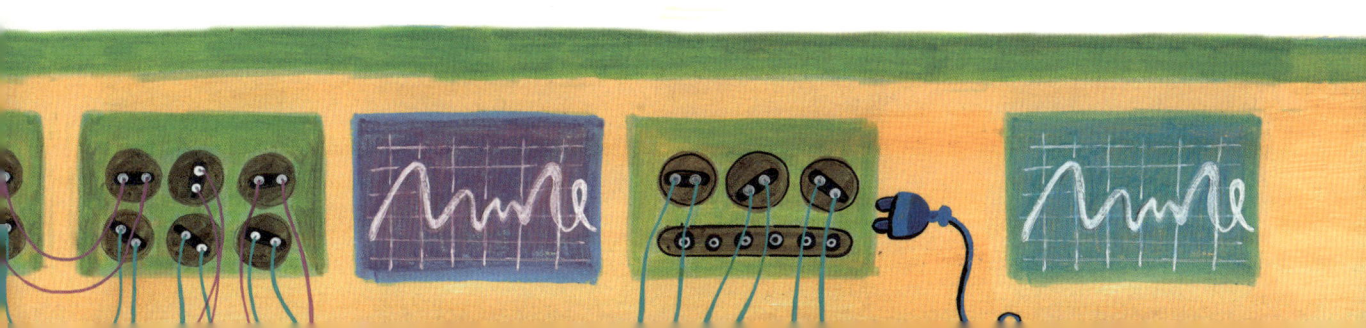

## 1. 인지의 성장, 소셜 로봇이 되다

며칠 후 AI 엔터에서 문자가 도착했다.

'금일 저녁 6시부터 인지의 업데이트가 시작됩니다. 감성 패치를 추가로 설치하기를 희망하시는 경우 아래 링크를 클릭해 주시면 추가 업데이트도 진행하겠습니다.

— AI 엔터테인먼트'

'감성 패치, 이거 뭐지? 또 이상하게 인지가 변하는 거 아니야?'
문자를 받은 나는 문득 걱정이 되었다. 곧이어 심수진 박사로부터 연락이 왔다.
"그동안 잘 지냈어요? 심수진이에요!"
"네, 박사님! 그렇지 않아도 AI 엔터에서 문자 받았어요."
"맞아요. 그것 때문에 전화했어요. 감성 패치가 무엇인지 궁금해할 것 같아서요. 감성 패치를 인지에게 설치할 경우 인지가 사람처럼 이야기를 나눌 수 있고 공감하는 능력도 더욱 좋아진답니다. 앞

으로 인지는 지수의 가족들이 느끼는 감정을 파악하고 그에 맞는 대화나 서비스를 줄 수 있을 거예요."

"와! 그럼 꼭 설치하고 싶어요!"

"좋게 생각해 주셔서 감사해요! 사람의 감정을 이해하고 소통하는 인공 지능 로봇을 소셜 로봇이라고 하는데, 인지는 이제 소셜 로봇이 될 거예요."

저녁에 감성 패치가 설치된 인지는 가족의 감정을 좀 더 헤아릴 줄 알았다. 마치 사람의 감정을 느끼고 반응하는 강아지처럼 우울할 때는 우울하다고 말을 하지 않아도 위로해 주고 즐거울 때는 즐겁다고 말하지 않아도 함께 기뻐했다.

"인지야! 넌 어떻게 사람의 감정을 느끼게 되는 거야?"

"좋은 질문이야. 이번 감성 패치를 통해 내 몸에서 많은 센서들이 활성화되었어. 이 센서들은 내가 사람의 얼굴, 행동, 음성 등을 더 섬세하게 분석해서 사람들의 의도나 감정을 더 잘 인식하도록 도와줘."

"아, 그렇구나! 아무튼 네가 있어서 참 고마워!"

인지는 작은 얼굴에 행복한 표정을 띠우면서 이야기했다.

"나도 지수 덕분에 행복해!"

"칫, 지수, 너는 엄마보다 인지가 좋니?"

엄마의 표정을 이해한 인지가 엄마의 얼굴에 가까이 다가가 밝게 웃으며 말을 했다.

"아주머니 덕분에도 인지는 행복하답니다."

엄마는 여전히 뽀로통한 표정을 지으며 이야기했다.

"아주머니가 뭐니. 엄마라고 불러 줘! 그러고 보니 옆집 할머니도 인지와 비슷한 인공 지능 로봇을 구하셨다더라!"

"아! 그 로봇도 소셜 로봇이에요. 하루 종일 할머니와 다정하게 말동무하면서 드실 약도 챙겨 드리고 약속도 챙겨 드릴 수 있는 로봇입니다."

인지는 얼굴에 노인을 돌보는 로봇 사진을 띄워 주었다.

"엄마! 할머니 집에 소셜 로봇 선물로 드리면 안 될까? 생신 선물로 드리고 싶어!"

엄마는 나를 쓰다듬으며 기특하다는 듯이 말을 했다.

"좋아! 우리 그렇게 할까? 엄마가 할머니 생신 선물로 구매할 테니까 우리 딸이 편지를 쓰렴!"

나는 문득 우리 할머니도 소셜 로봇과 함께한다면 조금은 덜 외로울 수 있겠다는 생각을 했다. 소셜 로봇이 말동무도 되어 주고, 좋아하시는 트로트도 함께 부르고 음악도 들려 준다면 할머니가 행복해할 것이라는 생각이 들었다. 하지만 그때 호재가 아미쿠스를 해킹한 것처럼 만약 할머니가 가지고 있던 소셜 로봇이 해킹된다면 큰일이 일어날 수도 있겠다는 생각을 했다. 그리고 소셜 로봇을 도난당하거나 로봇이 망가질 경우 할머니에게 상처가 될 수도 있겠다는 생각으로도 이어졌다. 일본에서 강아지 로봇이 망가지자 할머니, 할아버지들이 슬픈 마음으로 합동 장례식을 했다는 기사를 본 기억이 났다.

"엄마! 할머니께 사 드릴 소셜 로봇은 꼭 해킹 안 당할 수 있게 보안 기능이 잘 되어 있고, 분실 방지 기능도 있는 것을 사 드리자!"

인지는 날아오르며 내게 말했다.

"지수는 참 따스한 사람이구나!"

## 2. 슈퍼 인지의 등장

"지수야, AI 엔터에서 또 문자가 왔어!"

내가 AI 엔터테인먼트를 좋아하는 것을 아는 엄마는 긴급 속보가 뜬 것처럼 다가와서 이야기했다.

"응, 나도 받았어. N#1013 로봇 사용자 중 가장 많은 공헌을 했다고 울트라 칩 베타 테스터로 선정되었대."

엄마도 함께 문자를 보다가 난처한 표정을 지었다.

"대체 무슨 소리야? 뭐 엔샵 일공일삼…… 베타 테스터?"

"인지를 사용하면서 유튜브나 SNS에 후기를 계속 올렸더니 뭔가 부품을 교체할 수 있게 해 주나 봐."

때마침 배송 로봇이 곧 도착한다는 문자와 함께 큐알 코드가 전송되었다. 문을 열어 보니 배송 로봇이 문 앞에서 기다리다가 나를 보고 반가워했다.

"마침 집에 있었네요! 아무도 없을까 봐 걱정했어요. AI 엔터에서 보낸 물건이 도착하였습니다. 제 등에 있는 보관함을 열려면 문자로 보낸 큐알 코드를 제 눈에 보여 주세요!"

사각형 박스에 네 개의 바퀴가 달린 배송 로봇은 말을 하면서 액정 디스플레이에 나타난 초롱초롱한 눈으로 나를 올려다보았다. 스마트폰으로 큐알 코드를 보여 주자 배송 로봇의 등이 열렸고 작은 상자가 보였다.

"이게 뭐야?"

"저도 자세한 것은 몰라요. 파손되면 안 되는 중요한 물건이라고 들었어요. 그럼 이만. 좋은 하루 되세요!"

배송 로봇은 열려 있던 보관함을 닫고 노래를 흥얼거리며 되돌아갔다. 나는 박스를 열어 칩을 꺼내 인지에게 달려갔다.

인지는 호기심 가득한 표정을 지었다.

"울트라 칩이구나."

"어떻게 알았지? 칩에 작은 글씨가 쓰여 있는 건가?"

난 칩 위에 적혀 있는 AI 엔터 이름 이외에 울트라 칩이라는 명칭이 쓰여 있는지 자세히 살펴봤다.

인지는 웃으며 말을 했다.

"사전에 울트라 칩이 도착할 거라는 정보를 받았지. 내 몸통 뒷면에 칩을 넣을 수 있는 소켓을 열 테니까 거기에 울트라 칩을 넣어 줘."

"알았어. 그런데 울트라 칩을 너한테 줄 경우 무슨 일이 생겨?"

"울트라 칩은 고성능 인공 지능 전용 칩인데, 나의 계산 능력을 향상시켜 줘. 쉽게 말하면 생각하는 능력을 보다 효율적으로 만들어 주는 거야. 학습도 하고 미루어 생각하려면 대규모 연산이 필요하고 전기 에너지도 많이 써야 하는데, 울트라 칩을 장착하면 대규모 연산은 더욱 빠르게 해 주면서 전기 에너지는 훨씬 적게 쓸 수 있어."

나는 이야기를 들으면서 인지의 뒷면 소켓에 울트라 칩을 꽂았다. 특별히 변한 건 없어 보였는데 인지의 기분이 좋아진 것 같았다.

"휴! 다행이다. 기존에 사용했던 칩 하나로는 학습을 하거나 새로운 지식을 만들어 내려고 하면 열이 많이 났었어. 울트라 칩을 함께 쓰니 발열도 적고, 더 많은 생각을 할 수 있게 되었어."

"네가 기분이 좋아 보이니 나도 좋다."

울트라 칩을 품은 인지는 단순히 데이터를 학습하기만 하는 게 아니라 학습된 데이터를 통해 새로운 데이터를 만들어 보기 시작했다. 그리고 스스로 목표를 설정해 시키지도 않은 일을 하기도 하고,

가끔 스스로에게 질문을 하기도 했다.

"지수야, 너는 4시에 학원에 가지? 그럼 2시간 정도 나 혼자 있게 되니까, 자유롭게 집을 꾸며 봐야겠다. 아마 모두 좋아할 거야!"

인지는 우선 집에 있는 조명의 색상과 밝기를 에너지 절감형으로 전환하고 스마트 텔레비전, 노트북과 연동해서 화면이 꺼져 있더라도 미술관처럼 예술 작품들이 화면에 나올 수 있도록 조정했다. 청소 로봇과 드론을 이용해서 일부 물건의 위치를 변경하기도 했다.

인지가 집을 꾸미겠다고는 했지만, 인지가 혼자서 새롭게 꾸민 집에 들어온 우리 가족은 신기해하면서도 약간은 무섭다는 생각도 들었다. 시키지도 않은 일을 인지가 알아서 한다는 사실이 조금은 걱정되기도 했다.

'만약 인지가 나의 소중한 물건들을 필요가 없을 거라고 예측하고 버리면 어떡하지? 아니면 인지가 내가 본인보다 빠르게 생각하지 못한다고 핀잔을 주거나 무시하는 일은 없을까?'

나는 갑자기 생각이 많아지기 시작했다. 특히 인지가 스스로에게 묻는 질문을 들었을 때 더욱 걱정스런 마음이 들었다.

"왜 사람은 불필요한 행동을 하는 걸까? 물론 불필요한 행동도

도움이 될 수 있지만, 단기적인 결과로는 부정적인 영향을 줄 텐데 말이지."

"엥, 갑자기 무슨 말이야?"

"지수야, 듣고 있었구나. 그냥 혼잣말이야. 며칠 전 사람이 저지른 흉악한 범죄에 대한 기사를 보다가 전 세계 뉴스랑 역사를 훑어봤어. 그랬더니 질문이 떠올라서 그래. 그냥 나 스스로에게 한 질문이야."

"너 조금 달라진 것 같아!"

"울트라 칩을 넣은 이후에 조금 생각이 많아졌어. 전보다 생각할 수 있는 여유가 생기다 보니 심심풀이로 문제를 스스로 만들어 보고 풀어 보고 있어."

"뭐? 내가 물어보거나 시키지 않아도?"

"응. 네가 시키지 않아도 질문도 만들어 보고, 답도 찾아 보고, 새로운 콘텐츠도 만들어 보면 나중에 네가 유사한 질문을 했을 때 좀 더 완성도 높은 답을 알려 줄 수 있을 거야."

"물어보지도 않았는데 계속 네가 문제를 만들고 답을 찾고 있다니. 조금은 무서운 느낌이 든다. 울트라 칩을 넣은 후 네가 사람을 뛰어넘는 능력을 가진 거니?"

"정확히 말하면 사람보다 더 많은 양을 빠르게 계산할 수 있는 능력을 가지게 되었어. 하지만 전반적으로 사람을 뛰어넘는 수준은 아니니까 걱정하지 않아도 돼. 물론 사람의 뇌보다 우수한 부분은 있어. 많은 생각을 하고 답을 찾더라도 사람의 뇌는 인공 지능보다 쉽게 피로해지고, 시간이 흐르면 흐를수록 파괴되어 기억을 잃어버리거나 기억이 불분명해질 수 있는데, 인공 지능은 24시간 활용하더라도 피로하지도 않고, 속도도 빠르고 지속적으로 사고를 확장시킬 수도 있지."

인지는 사뭇 진지해 보였다. 인지는 계속 생각하면서 스스로의 지능과 능력을 더욱 강화시키는 것처럼 보이기도 했다.

'만약 인지가 생각에 생각을 거듭하다가 내가 통제하지 못하면 어떻게 될까?'

이런 물음이 머릿속에 생겼지만 차마 인지에게 물어보지는 못했다. 하지만 인지가 내 통제 범위를 벗어나 스스로 행동하지는 않을 거라는 생각이 들었다.

"인지야! 내가 원하지 않았는데도 내 방을 꾸미거나 다른 일을 하는 것은 하지 말아 줘. 그리고 행동하기 전에 나랑 상의해 주면 좋겠어."

"응, 알았어! 반드시 그렇게 할게."

조금은 떨리는 목소리로 용기 내어 말을 했다. 인지가 우리 집에 와서 보다 편리해지고 즐거움을 주는 것은 사실이었지만, 인공 지능이 내가 원하지 않는 결과를 만들지 않도록 제한하는 것도 필요하다는 생각을 하게 되었다.

## 3. 우리는 앞으로 인공 지능 로봇과 함께 살 수 있을까?

나는 학교 수업 중에 유튜브 뉴스를 보고 깜짝 놀랐다. 영상에서는 인공 지능 로봇 때문에 일자리를 잃은 사람들이 폭동을 일으켜 로봇이 설치된 공장을 부수는 장면이 나왔다. 곧이어 추천된 동영상에서는 사람을 적은 비용으로 해칠 수 있는 살인 로봇에 대해 촛불 집회를 하는 영상도 나왔고 가난한 사람들에게 소셜 로봇을 나누어 달라는 피켓을 든 외국인들의 모습이 나왔다.

"선생님! 로봇으로 인해 슬퍼하는 사람들이 많은 것 같아요. 저도 인공 지능 로봇을 좋아하지만, 로봇이 사람을 대신하는 건 문제인 것 같아요."

선생님은 문득 생각에 잠겼다가 답을 했다.

"지수가 참 좋은 이야기를 했네요. 인공 지능 로봇이 세상에서 없어진다면 어떨 것 같은가요?"

모두들 책상에 있는 패드에 손들기 아이콘을 클릭하고 말을 하기 시작했다. 스크린에는 친구의 이름과 함께 이야기하는 내용들이 정리되어 띄워졌다.

"로봇이 없으면 불편할 것 같다는 친구도 있고, 로봇을 이용하는 사람들이 문제라는 친구도 있네요. 문제가 있는 로봇만 없애야 한다는 친구도 있고요."

선생님은 친구들을 보면서 이야기를 이어 갔다.

"로봇이 가진 좋은 점도 있어요. 공장에서 우리가 좋아하는 물건들을 빠르게 많이 만들어 낼 수도 있어요. 여러분이 입고 있는 옷이나 쓰고 있는 스마트폰, 타고 다니는 자동차도 이미 로봇으로 만들고 있어요. 그래서 당장 로봇이 없어진다면 공장에서 만들어지는 상품의 개수가 줄어들어 가격이 많이 올라갈 수 있어요. 로봇은 힘들고 위험하고 어려운 일, 사람들이 꺼리는 업무를 많이 하고 있어요. 젊은 노동 인구가 줄어들고 있는 나라일수록 로봇 노동력이 중요해지고 있어요. 우리나라와 일본에서는 농촌에서 일하는 사람들이 줄어들자 사람들의 부족한 일손을 도와주는 인공 지능 로봇을 개발하고 있어요. 반면 공장에 쓰이는 로봇이 똑똑해지고 능력이 좋아지면 좋아질수록 점차 사람들의 일자리를 뺏을 수도 있어요."

"아, 로봇이 일을 못 하게 되면 게임기나 스마트폰 가격이 오를 수 있겠네, 그건 아니다!"

이준이가 투덜거렸다.

"유럽에서는 사람과 함께 살고 함께 일할 수 있는 협동 로봇이 점차 많이 활용되고 있어요. 로봇의 좋은 점도 있는 만큼 로봇을 사용하지 않는 방향보다는 로봇과 사람이 함께 일하는 세상에 관한 고민을 시작해 봐야 해요."

나는 손들기 아이콘을 터치하고 질문했다.

"선생님! 사람을 해치는 로봇이 있다는데 그건 너무한 것 같아요!"

"맞아요! 인공 지능 로봇이 사람을 공격하는 명령을 내려선 안 된다는 주장도 있고, 인공 지능 로봇이 똑똑해지고 통제력을 잃어버릴 경우 사람을 해칠 수 있다는 우려의 목소리도 많아요. 사람을 해칠 수 있는 인공 지능 로봇, 특히 전투용 로봇에 대해서는 인공 지능 전문가, 변호사, 기업인들이 모여 보다 안전하게 이용하는 방안을 논의하고 있어요. 또한 똑똑한 인공 지능 로봇이 많아질수록 로봇 친구를 가진 사람들과 가지지 못한 사람들의 생활에 차이가 생기고, 로봇을 가지지 못한 사람들은 힘들어질 수 있다는 것도 주목해야 해요. 인공 지능 로봇에게 공부를 가르쳐 주는 교육 기능이 강화되면 교육용 로봇을 가지는 것은 똑똑한 과외 선생님이 집에 오는 것과 같아질 거예요. 교육용 로봇을 가진 친구는 외국어도 쉽게 배우고, 다른 공부도 쉽게 할 수 있을 거고요."

승민이도 손들기 아이콘을 터치했다.

"저도 지수처럼 집에 로봇 과외 선생님이 있었으면 좋겠어요!"

"아니야, 우리 집 인지는 과외 선생님이 아니라 그냥 친구야!"

선생님은 웃으면서 나와 승민이를 물끄러미 보다가 말을 이어갔다.

선생님은 칠판 앞 스크린에 로봇 사진과 영상을 틀었다.

"최근 몇 년 동안 신종 코로나 바이러스 등 전염병이 확산되면서 인공 지능 로봇이 사람을 위해 많은 일을 하고 있어요. 의사와 간호사를 보호하면서 신속하게 환자들의 열을 감지하고, 바이러스를 없애기 위해 병원이나 공공장소를 소독하고 사람 대신 안내 역할도 하고 있어요. 인공 지능 로봇은 분명 우리에게 필요한 친구이자 좋은 친구예요. 하지만 인공 지능 로봇이 가진 장점과 단점을 생각해 보고 단점을 최소화하도록 함께 노력해야 해요!"

## 4. 지수의 결심

    나는 인공 지능 로봇이 공장에서 가정까지, 도로에서 하늘까지 세상 곳곳에 더욱 많이 활용될 것이라 생각되었다. 그리고 결심했다.
"인지야! 나, 인공 지능 로봇 전문가가 될래!"
"정말? 지수야! 너무 멋있다. 나도 네 꿈을 위해 도와줄게!"
"인공 지능 로봇이 세상을 좋게 변화시키도록 도울 거야. 그런데 무엇부터 해야 하지?"
    인지는 얼굴에 웃음 이모티콘을 띄우며 기분 좋게 날아다녔다. 그리고 사진을 보여 주며 설명을 했다.
    "인공 지능 로봇 전문가가 되는 방법은 여러 가지 방법이 있어. 로봇을 공부하기 위해 대학에 가는 방법도 있고, 로봇 회사나 로봇 연구소에 들어가 인공 지능 로봇 전문가가 되는 방법도 있지! 인공 지능 로봇 기술에는 다양한 학문이 융합되어 있기 때문에 다양한 공부를 해야 해!"
    "공부 안 하고 인공 지능 로봇 전문가가 될 수 있는 방법은 없을까?"

인지는 화가 난 표정의 이모티콘을 보여 주면서 말했다.

"그런 방법은 없어!"

"하하하, 농담이야! 농담! 난 인공 지능 로봇 전문가가 되어서 내 사랑 퍼핀에게 내가 만든 로봇을 선물해 줄 거야!"

아빠와 엄마도 듣다가 거들었다.

"내 것도!"

"우리 딸, 기대할게!"

인지는 머리 위로 날아다니며 인공 지능 로봇 전문가가 된 내 모습을 합성하여 로봇을 만들고 있는 모습을 보여 주었다.

난 그 모습을 보며 입가에 미소가 번졌다.

## 더 알아보기  보도와 공원 등을 자유롭게 다니는 로봇들

　한국은 2023년 11월 17일부터 법적으로 로봇의 보도 통행을 허용하였다. 로봇은 이제 인도를 자유롭게 다니며 배송, 순찰, 안내를 할 수 있게 되었다. 로봇이 보도를 주행할 수 있게 하는 원동력은 로봇이 장애물이나 사람을 감지할 수 있는 센서 기술과 원격 제어 기술, 자율 주행 기술 등 통신, 인공 지능, 데이터 기술이다. 이미 배송 로봇 기업 스타쉽테크놀로지는 전 세계 30개국에서 500만 회 이상 배송을 완료했다.

　스타쉽테크놀로지는 미국 대학교를 중심으로 학생들이 있는 장소에 원하는 음식도 배달하고 있다. 이제 로봇은 놓고 온 준비물을 학교로 배달해 주거나, 한강 공원이나 캠핑 장소로 필요한 물건이나 음식을 배달해 줄 수도 있을 것이다.

　범죄가 자주 일어나는 장소의 경우 순찰 로봇을 배치하여 계속 경찰관을 배치하지 않아도 로봇이 정기적으로 돌아다니면서 범죄를 예방하거나 범죄 발생 시 대응할 수 있을 것이다. 아파트마다 배달 로봇을 배치하면 택배 기

사들이 무거운 짐을 가지고 고생해서 한 층 한 층 이동하지 않아도 된다. 로봇 스테이지에 물건을 가져다 놓으면 로봇들이, 사람들이 엘리베이터를 잘 이용하지 않는 새벽 시간에 택배를 전달할 수 있기 때문이다. 또, 분리 수거 로봇이 집을 직접 방문해서 음식물 쓰레기나 일반 쓰레기를 수거해 가고, 새 쓰레기 봉투까지 주는 서비스도 가능해질 수도 있다. 이커머스(전자 상거래) 시장 소속 다양한 로봇들이 보조적인 택배 기사 역할을 수행하며 보도 곳곳을 누빌 것이다.

   식당에서 음식을 전달해 주는 서빙 로봇에서 택배를 전달해 주는 배달 로봇까지 사람의 일자리에 대한 논란도 커지고 있는 것이 사실이다. 하지만 서빙 로봇은 코로나19 이후 일손이 부족한 식당을 중심으로 보급되기 시작하였으며 배달 로봇의 경우 배달원들이 배달을 꺼리는 아주 가까운 거리를 중심으로 사용될 것이기 때문에 사람의 일자리를 바로 빼앗아 간다고 보기는 힘들다. 그리고 로봇의 안전상 로봇 관제 요원이 있어야 하기 때문에 로

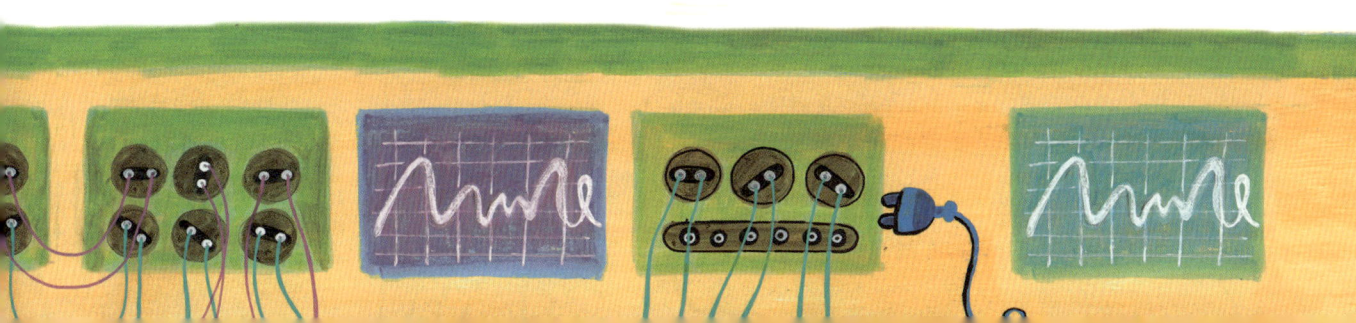

봇이 보급될수록 오히려 로봇 개발자 이외에도 많은 인력이 채용될 것으로 보인다.

챗GPT를 만든 오픈AI 공동 창업주, 그렉 브록먼은 "AI가 많은 것을 바꾸겠지만 완전히 대체하지 못한다. 창의적인 역할은 여전히 인간의 몫이다."라는 말을 했다.

로봇은 우리의 삶을 더욱 편리하게 해 주고 시간을 벌어 주면서 르네상스 시대처럼 창의적인 영역에 더 많은 시간을 쏟게 할 수 있을 것이다. 그렇게 되기를 기대해 본다.